Ulrich Hagenmeyer

Das Ziel ist der Weg

Ulrich Hagenmeyer

Das Ziel ist der Weg

Auf dem Jakobsweg
nach Santiago de Compostela

KREUZ

Allen Jakobusschwestern und -brüdern

Im Besonderen: Anita, Ingrid, Olivier, Nicou, Paulette, Marie-Thérèse, Martine, Nicolas, Philippe, Thi-Phuong, Christian, Agnès, Joan, René, Hans und Wolfgang

Neu gestaltete Sonderausgabe des 2003 im Kreuz-Verlag Stuttgart erstmals erschienenen gleichnamigen Titels

www.kreuz-verlag.de

Umschlaggestaltung: Christian Langohr
Umschlagmotiv: © Ulrich Hagenmeyer
Vignetten Innenteil: © Sabine Hanel
Fotos (einschl. Cover- und Autorenfoto): © Ulrich Hagenmeyer

Satz: de·te·pe, Aalen
Herstellung: fgb · freiburger graphische betriebe
www.fgb.de

Gedruckt auf umweltfreundlichem, chlorfrei gebleichtem Papier
Printed in Germany

ISBN 978-3-451-61025-7

Inhalt

Die Not-Wendigkeit des Pilgerns – *Vorweg* 7

Aufbruch – *Von Ostfildern nach Le Puy* 13

Schrittwechsel – *Von Ostfildern nach Basel* 17

Sichtwechsel – *Von Basel nach Genf* 25

Spurwechsel – *Von Genf nach Le Puy* 35

Seelenwandel – *Von Le Puy nach Saint-Jean* 47

Gefahren – *Von Le Puy nach Conques* 51

Widerfahren – *Von Conques nach Moissac* 61

Erfahren – *Von Moissac nach Saint-Jean* 73

Pilgerrout(in)e – *Von Saint-Jean nach Santiago* 85

Auflaufen – *Von Saint-Jean nach Burgos* 89

Leerlaufen – *Von Burgos nach León* 103

Hinlaufen – *Von León nach Santiago* 115

End-Punkt – *Von Santiago nach Finisterre* 129

Santiago ist der Anfang
des Jakobsweges – *Nachwegs* 135

»… das Wichtige ist der Weg,
den man zurückgelegt hat,
die Reise, die man gemacht hat,
wenn einem bewusst wird,
dass man die Betrachtung verlängert,
dann beobachtet man nur sich selbst,
oder schlimmer noch,
man wartet darauf,
dass man beobachtet wird.«

*José Saramago**

* José Samarago, Das Zentrum. Deutsche Übersetzung von Marianne Gareis.

Die Not-Wendigkeit des Pilgerns

Vorweg

»Ja, sagen Sie Ja zu sich, zu Ihrer Absonderung,
Ihren Gefühlen, Ihrem Schicksal!
Es gibt keinen anderen Weg. Wohin er führt,
weiß ich nicht, aber er führt ins Leben,
in die Wirklichkeit, ins Brennende, ins Notwendige.«

Hermann Hesse

Pilgern scheint notwendig geworden: Der Jakobsweg erfährt in jüngster Zeit stetig zunehmenden Zulauf. Immer mehr Menschen entdecken die Pilgerfahrt zum Grab des heiligen Apostels Jakobus des Älteren als Quelle spirituellen Erlebens in einer sonst so schnellen Zeit. Der langsame Rhythmus des Gehens, das einfache Leben in der Natur und die meditative Aura der Kapellen, Kirchen und Klöster entlang des mittelalterlichen Pilgerpfades verweisen Pilger auf die Grundlagen des Menschseins. Sie nehmen eine Aus-Zeit vom modernen Alltag und begeben sich in die Gegenwelt der Pilgerschaft. Sie machen dieselben spezifischen Erfahrungen der Pilger zu allen Zeiten: aufzubrechen, Einsamkeit zu begegnen, Schmerzen zu ertragen, durchzuhalten, anzukommen. Wer in Santiago de Compostela eintrifft, ist ein anderer geworden. Sein Weg hat ihn gewandelt.

Wer den Jakobsweg geht, reiht sich ein in einen endlosen Pilgerzug, der Anfang des 9. Jahrhunderts mit der Auffindung des Jakobsgrabes durch den Eremiten Pelagius beginnt und weit in die Zukunft reicht. Soviele Pilger es gab und gibt, so viele Möglichkeiten gibt es auch, den Jakobsweg zu erfahren: Jeder geht ihn mit seinen eigenen Füßen, sieht ihn mit seinen eigenen Augen, spürt ihn mit seiner eigenen Haut und erlebt ihn in ganz eigenen Begegnungen mit Mitpilgern oder Anwohnern entlang des Weges. Jeder geht ihn zu seiner eigenen Zeit und mit seinen eigenen Motiven. Auch wenn sich die Erfahrungen der Pilgerschaft für Körper, Geist und Seele gleichen, *den* Jakobsweg gibt es demnach nicht.

Allen gemeinsam ist jedoch die Hinwendung zur Innerlichkeit. Pilger werden auf sich selbst reduziert. Das, was sie besitzen, müssen sie mit sich tragen. Ohne die Reize der modernen Welt erfahren sie eine Leere, die unweigerlich in die Tiefe der Seele führt. Längst Verschüttetes drängt an die Oberfläche und ins Bewusstsein. Die Einfachheit der Natur und der mittelalterlichen Bauwerke mit ihren klaren Formen tragen dazu bei. Und so lautet der Spruch unter Pilgern: »Gleichgültig ob jemand aus spirituellen Motiven, aus Abenteuerlust, aus kunstgeschichtlichem Interesse oder als sportliche Herausforderung den Jakobsweg geht – in Santiago kommen alle als Pilger an.«

Es bedarf eines tiefen Beweggrundes, einen Pilgerweg zu gehen, auch wenn dieser den Pilgern nicht immer bewusst ist. Sie gehen nicht irgendeinen Weg, sie gehen den Jakobsweg. Am Beginn des Weges stehen oftmals seelische Einschnitte. Der Leidensdruck bewegt, in der modernen Welt eine Atempause zur Sinnsuche und Orientierung einzulegen. Die Not zur Wende.

Im Sommer 2000 bin ich den Jakobsweg von Ostfildern bei Stuttgart nach Santiago de Compostela und weiter nach Finisterre in 83 Tagen gegangen: eine Strecke von ca. 2600 Kilometern, das bedeutet durchschnittlich 30 Kilometer pro Tag. Mein Weg führte mich das Neckartal aufwärts und durch den südlichen Schwarzwald am Rhein entlang bis nach Basel. Ich überquerte den Jura und lief über Bern, Fribourg und Lausanne bis nach Genf. Entlang der Rhône und der Isère gelangte ich schließlich ins vulkanische Gebirgsland um Le Puy-en-Velay.

Von Le Puy aus folgte ich der klassischen »Via Podiensis«: Durch das Bergland der Margeride, über die Hochebene des Aubrac und am Lot entlang bis nach Conques, sodann über die Kalkhochflächen des Quercy nach Moissac. Weiter durch das Hügelland der Gascogne, der ausgedehnten Ebene um den Adour nach Saint-Jean-Pied-de-Port am Fuß der Pyrenäen.

Dort beginnt die wohl bekannteste Strecke des Jakobswegs, die über die Pyrenäen zum Kloster Roncesvalles, nach Pamplona und auf dem »Camino Francés« nach Burgos führt. Der Weg quert die Meseta, die spanische Hochebene, bis nach León. Sodann sind der Rabanal- und der O Cebreiro-Pass zu überwinden, um schließlich in Galicien und Santiago de Compostela anzukommen. Wie schon viele Pilger im Mittelalter ging ich daraufhin nach Finisterre, dem westlichsten Punkt Europas, bis ans Ende der alten Welt.

Die gesamte Wegstrecke gliedert sich für mich in drei Hauptetappen: von Ostfildern nach Le Puy, von Le Puy nach Saint-Jean-Pied-de-Port und von Saint-Jean nach Santiago de Compostela.

Diese Etappen unterscheiden sich äußerlich durch die Anzahl der Mitpilger und durch den touristischen Organisationsgrad und sorgen so für ein jeweils ganz eigenes Pilgererleben, auch in spiritueller Hinsicht: Bis Le Puy müssen sich Pilger Unterkünfte und zum Teil auch Wege selbst suchen. Mitpilger trifft man kaum.

Der Weg ist von Einsamkeit gekennzeichnet. Bis nach Saint-Jean existieren dann Wanderherbergen auf einem markierten Weg. Wenige Menschen sind unterwegs, mit denen persönlicher Austausch möglich wird. Auf der spanischen, mit gelben Pfeilen versehenen Strecke drängen sich Pilger auf dem Weg und in die Unterkünfte. Die Aufgabe besteht nun darin, sich einzuordnen in die Pilgermenge, ohne sein ureigenes Anliegen zu verlieren.

Diesen drei Hauptetappen weise ich jeweils archetypische Stadien einer seelischen Veränderung zu: Auf dem ersten Teil des Weges lösen sich die Pilger aus ihren bisherigen Alltagsstrukturen. Der Schwerpunkt des zweiten Streckenabschnitts liegt in der eigentlichen Wandlung – die neu gewonnene innere Freiheit ermöglicht einen Zugang zu tiefer liegenden Bewusstseinsschichten und zu unmittelbarer spiritueller Erfahrung. Zuletzt gibt die Routine des einfachen Pilgerlebens auf dem dritten Teil des Weges der Seele Raum, ihre Veränderung zu integrieren und zu stabilisieren.

Ich bin alleine gepilgert, habe die Einsamkeit und Ruhe der Natur gesucht, um dem Spirituellen und mir ein Stück näher zu kommen. Gefunden habe ich unterschiedlichste

Eindrücke: Sintflutartigen Regen in der Schweiz, die Leere des französischen Zentralmassivs, die Hitze der spanischen Hochebene; Übernachtungen bei Bauern, in Klöstern oder verlassenen Dorfschulen. Diese besonderen Momente wurden von einem stets wiederkehrenden Rhythmus begleitet: aufstehen vor Sonnenaufgang, die tägliche Wanderung zwischen 22 und 58 Kilometern, Meditation in romanischen Bauwerken entlang des Jakobswegs, die tägliche Suche nach Unterkunft, bewegende Gespräche mit anderen Pilgern.

»Bildung ist das, was übrig bleibt, wenn wir nicht mehr bewusst daran denken, was wir erfahren haben«, steht sinngemäß bei Lord George Savile Halifax. Der Jakobsweg hat Spuren in mir hinterlassen, die immer wieder unvermittelt in meinem Alltag aufscheinen. Widerspiegelungen einer anderen Zeit in Bildern, Gefühlen, Worten und Gedanken, die oftmals im Gegensatz zur modernen Welt stehen und die es zu integrieren gilt: Innerlichkeit. Mitgefühl. Genügsamkeit. Eingebunden-Sein. Seelenwirklichkeit. In diesem Buch ordne ich – jenseits von kulturgeschichtlichen Betrachtungen und vornehmlich praxisorientierten Reiseberichten – meine ganz persönlichen Erlebnisse auf dem Jakobsweg ein in die allgemeine Erfahrungswelt von Jakobuspilgern. Dies wird an der unterschiedlichen grafischen Gestaltung der einzelnen Abschnitte deutlich: Die Vignette »Jakobsmuschel« leitet Reflexionen zur Wandlung in der Pilgerschaft ein, die Vignette »Wegweiser« eröffnet Beschreibungen der Streckenführung des Jakobswegs, und auf die Vignette »Fußspuren« folgen Streiflichter meiner persönlichen Erfahrungen auf dem Weg nach Santiago de Compostela. Ich lade Sie ein, ein Stück des Jakobswegs mit mir zu gehen und die meditative Seite des Pilgerns zu erfahren: »Das Ziel ist der Weg.«

Ultreïa,

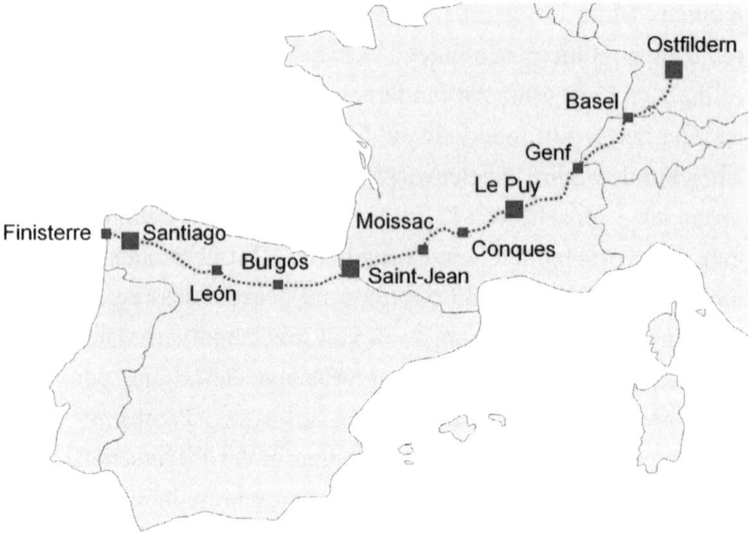

Aufbruch

Von Ostfildern nach Le Puy

»Der Anfang ist die Hälfte des Ganzen.«

Aristoteles

Dem Anfang eines jeden Jakobsweges kommt besondere Bedeutung zu, denn diesem geht oftmals ein leiser innerer Ruf voraus. Ein Ruf, der im Alltag schließlich so laut wird, dass er nicht mehr überhört werden kann: Er führt die Pilger auf den Jakobsweg. Zu allen Zeiten ist dieser Ruf aus Schwingungen geformt, die in der Tiefe der Seele durch die Notwendigkeit zur Wandlung angeregt werden. Wenn sich Pilger wirklich drei bis vier Monate von den Halt gebenden Zwängen der modernen Welt befreien und in die Unsicherheit und das Risiko des Jakobswegs aufbrechen, dann bewegen sie starke Motive – ob sie sich dieser bewusst sind oder nicht. Mit dem ersten Schritt, mit dem Pilger den Jakobsweg beginnen, haben sie bereits die Hälfte der Wegstrecke zurückgelegt: Sie sind wahrhaftig bereit, den weiten Weg nach Santiago und zu sich selbst zu gehen, um die erforderliche Veränderung zu erfahren. Dann machen sie sich auf, um bei sich anzukommen. Sie sind Vagabunden Gottes geworden.

Jede wahre Pilgerreise ist eine Suche. Die bisherigen Alltagsstrukturen der Pilger können den Anforderungen ihrer Seelenwirklichkeit nicht mehr genügen, sie sind so brüchig geworden, dass die Notwendigkeit zur Umorientierung immer deutlicher durch sie hindurchscheint. Es gilt, eine neue und andere Ausrichtung für ein authentischeres Leben zu finden.

Gewiss gibt es – wie im Mittelalter – auch vordergründigweltliche Motive, die Pilger auf den Jakobsweg führen. Bei Gesprächen in Pilgerherbergen wird jedoch schnell deutlich, dass oftmals tiefe seelische Not, innere Klärung an Übergängen von Lebensphasen oder spirituelle Suche die wahren Beweggründe für den Gang nach Santiago de Compostela sind: So können einige Pilger ihre Richtung im Leben nicht mehr sehen, weil sie grundsätzlich nichts mehr erkennen können. Betäubt und blind von persönlichem Leid geht jeder Blick für eine neue Lebensrichtung ins Leere. Sei es die Trauer über den Verlust eines geliebten Menschen, sei es der Schmerz einer zerbrochenen Liebesbeziehung oder die Angst nach der Kündigung einer Arbeitsstelle. Für sie ist der Jakobsweg ein Weg heraus aus unmittelbarer Not.

Sehr viele Jakobuspilger stehen vor einem neuen Lebensabschnitt. Sie suchen in der Konfrontation mit sich selbst auf dem Weg einen Klärungsprozess und Orientierung für die vor ihnen liegende Lebensaufgabe. Zum einen sind dies junge Pilger an der Schwelle zum Erwachsenenalter, zum anderen ältere Pilger, die sich auf ihren Lebensabend vorbereiten. Die Jüngeren folgen dabei einer uralten Tradition keltischer Völker: Vor der christlichen Pilgerfahrt galt der

Fußmarsch zum Kap Finisterre als Initiationsritus, als Übergangsritual in die Erwachsenenwelt. Knaben gingen der untergehenden Sonne nach, geradlinig westwärts bis zum »Ende der Welt«, zu dem Punkt, an dem ihre »Knabenseele« mit dem Versinken der Sonne im Meer stirbt. Daraufhin kehrten sie als Männer zurück.

Die meisten Pilger verbindet jedoch eine Suche nach dem Spirituellen, nach Kontakt mit dem Numinosen. Sie fühlen intensiv den gleichmäßigen Schmerz des modernen Alltags, einer entzauberten Welt voll von Machbarkeitsidealen und blindem Sachzwangdenken. Sie leiden an ihrer spirituellen Unterernährung und daran, dass sie ihre innere Leere mit den Verführungen und Süchten der modernen Welt zuschütten. Pilgern heißt, sich dieser Leere bewusst zu stellen. Mit der Erfahrung der inneren Wüste ist es möglich, seinen ureigensten Rhythmus wieder zu spüren. Einen Rhythmus, der nicht vom mechanistischen Takt der industriellen Leistungsgesellschaft vorgegeben ist, sondern in einer lebendigen Einheitserfahrung mit der Natur und in spirituellem Empfinden gründet. Jeder Jakobsweg ist auch ein Weg nach innen, ist ein »In-sich-Gehen«, ein »Sich-selbst-Erfahren«, ein »Sich-eingebettet-Wissen« in Zusammenhänge, die über das eigene Ego hinausweisen. Das Wesentliche ist, wieder Vertrauen zu sich und zu dem, was über den Menschen und seinen Verstand hinausreicht, zu gewinnen. Keiner kann konkret vorhersagen, in welcher Weise und mit welcher Intensität ihn die Pilgerreise verändern wird – aber sie wird ihn verändern.

Bei all diesen Motiven, die Gründe für eine Jakobuspilgerschaft sein können, gemahnt der innere Ruf, der Pilger auf den Jakobsweg führt, zu lernen, sich anders zu bewegen, anders zu sehen und anders zu spüren als bisher. Am Anfang des Jakobswegs steht ein zweifacher Aufbruch, in räumlicher und in innerer Hinsicht: Wenn Pilger nach Santiago aufbrechen, treten sie heraus aus ihrem alten Ich und ihren bisherigen Lebensstrukturen – und brechen diese damit auf, um sich wandeln zu können.

Wie für viele Pilger aus dem süddeutschen Raum und der Schweiz steht auch für mich die erste große Etappe bis nach Le Puy im Zeichen dieses Aufbruchs. Denn bis Le Puy ist der Jakobsweg für moderne Pilger nicht so gut erschlossen: Er ist nicht immer gekennzeichnet, man muss sich seine Unterkünfte jeden Abend selbst suchen. Auch Körper, Geist und Seele haben sich erst nach ungefähr vier bis fünf Wochen Pilgerschaft bis Le Puy auf das Pilgern eingestellt: Dann sind die Beine und der Kreislauf an die Belastung langer Tagesmärsche gewöhnt; die Gedanken und Gefühle haben die Strukturen des zurückliegenden modernen Alltags verlassen.

Schrittwechsel

Von Ostfildern nach Basel

»Die Entfernung ist unwichtig.
Nur der erste Schritt ist schwierig.«

Marquise du Deffand

Schrittwechsel – mit dem ersten Schritt auf den Jakobsweg treten Pilger aus der Alltagshektik der modernen Leistungsgesellschaft heraus in das gegensätzliche Zeitmaß der Pilgerschaft. Dieser erste Schritt verwirklicht ihren Aufbruchsentschluss, lässt diesen Wirklichkeit werden. Er ist deshalb so schwierig, weil mit ihm aus weltlichen Menschen endgültig Pilger werden: Ein einfaches Zurück gibt es nicht mehr. Wer den ersten Schritt tatsächlich geht, wird auch alle weiteren gehen. »Es bedarf nur eines Anfangs, dann erledigt sich das Übrige«, schreibt Sallust. Denn hinter jedem Pilger liegt eine längere Zeit des Zweifels, der Vorbereitung und des Unverständnisses, das seine nähere Umgebung ihm häufig entgegenbringt. So viele Widrigkeiten sind für eine drei- bis viermonatige Auszeit aus der modernen Welt zu überwinden, dass nur diejenigen aufbrechen, für die der Pilgerweg not-wendig geworden ist. Das ist der richtige Zeitpunkt für eine Pilgerschaft: der Moment, in dem der innere Leidensdruck keine Wahl mehr lässt. Erst dann sind Pilger bereit für den anstehenden Wandel. »Sich beeilen nützt nichts. Zur rechten Zeit aufbrechen ist die Hauptsache«, heißt es bei Jean de la Fontaine. Denn: »Die Augenblicke kommen nie zu spät und nie zu früh, sie kommen zu ihrer Zeit, nicht zu unserer, wir müssen ihnen nicht danken, wenn es einmal vorkommt, dass das, was sie vorzuschlagen haben, mit dem, was wir benötigen, übereinstimmt«, schreibt der portugiesische Nobelpreisträger José Saramago. Darin unterscheidet sich eine Pilgerschaft wesentlich von einer Wanderung: im Wunsch, Wandlung zu erfahren, geboren aus einer inneren Frage, einem inneren Ruf. Der Jerusalem-Pilger Jean Lescuyer hat auf seinem langen Fußmarsch erkannt: »Was den Pilger unterscheidet, ist weder die Dauer der Reise noch die Länge seines Weges oder das Ziel, sondern allein die geistige Haltung, mit der er diese Reise unternimmt.«

Die erste Veränderung im Rahmen des Aufbruchs, des Abstand-vom-Alltag-Nehmens, liegt in der gegensätzlichen Bewegungsart. Zuerst ist die pure Fortbewegung in der neuen, gegensätzlichen Situation zum modernen Alltag zu bewältigen. Wie komme ich mit dem kilometerlangen Gehen zurecht? Wie werde ich mit dem Gewicht des Rucksacks fertig? Wie meistere ich die Umstellungsschmerzen des Körpers, besonders am dritten, vierten Tag? Wie finde ich Unterkunft und Nahrung? Wie arrangiere ich mich mit Wind und Wetter? Wie gehe ich mit der Tatsache um, dass noch Hunderte von Kilometern vor mir liegen und ich täglich nur ein winziges Stück vorankomme? Wie ertrage ich die Einsamkeit?

Auf diese Fragen finden Pilger-Novizen Schritt für Schritt eine Antwort in den ersten Tagen ihrer Pilgerschaft. Sie finden sich in die neue Umgebung, in das neue Leben ein. Der Körper passt sich langsam an die Anstrengungen des Wanderns an; dem Geist und der Seele sind irgendwann klar, dass sie nicht über den nächsten Tag hinaus planen können: Der Weg nach Santiago ist viel zu weit, um übersichtlich zu sein. Jeder Tag zählt für sich. Das einzig Verlässliche ist, soweit es geht, im Hier und Jetzt zu leben, auch wenn die Vergangenheit einen immer wieder einholt. Mit jedem Schritt entfernen sich die Pilger aus ihrem bisherigen Alltag und tauchen in die Gegenwelt der Pilgerschaft ein.

So verwirklichen sie mit diesem Schrittwechsel den Entschluss, sich ihrem inneren Ruf zu stellen. Nach den ersten Tagen der Pilgerschaft hat sich ihr Organismus an die Andersartigkeit der Fortbewegung gewöhnt, sie bewältigen die äußeren Rahmenbedingungen. Sie sind aus ihrem bisherigen Alltag herausgetreten, um andere zu werden, um diejenigen, die sie waren, hinter sich zu lassen. »Partir, c'est mourir un peu«, sagen die Franzosen: »Aufbrechen bedeutet, ein wenig zu sterben.« Oder wie der mittelalterliche Mystiker Meister Eckhart schreibt: »Wer werden will, was er sein sollte, der muss lassen, was er jetzt ist.«

Jeder Weg, der Santiago de Compostela zum Ziel hat, ist ein Jakobsweg. *Den* Jakobsweg gibt es auch in geografischer Hinsicht nicht. Jedoch bildeten sich schon früh im Mittelalter Nebenflüsse und Hauptströme zum Grab des heiligen Apostels: Alte Karten zeichnen ein Netz von mehr oder weniger frequentierten Jakobswegen über Europa. Streng genommen beginnt der europäische Jakobsweg erst bei Puente la Reina, kurz hinter Pamplona in Spanien, wenn die vier Hauptströme der Pilger aus Tours, Vézelay, Le Puy und Arles sich vereinigen. Die Menschen auf diesen Wegen waren zuvor auf einer der beiden Hauptrouten gewandert, je nachdem, woher sie stammten: auf der »Niederstrass« über Aachen, für die Pilger aus Nordeuropa und Norddeutschland, oder auf der »Oberstrass« durch die Schweiz, für Pilger aus der Schweiz, Süddeutschland und Osteuropa. Einer der vielen Wege zur »Oberstrass«, der »Oberdeutsche Weg«, führte die Pilger aus dem fränkisch-schwäbischen Raum über Winnenden mit seinem bildreichen Jakobus-Altar, über Esslingen und Tübingen das Neckartal aufwärts, der Schweiz zu.

Bereits nach wenigen Kilometern stoßen Pilger aus Ostfildern beim Kloster Denkendorf auf diesen Weg. Schon hier begegnet ihnen der Jakobsweg eindringlich in der Aura des mittelalterlichen Bauwerks. Drei Eigenschaften der Klosterkirche werden die Pilger bis nach Santiago begleiten: der romanische Baustil, die ehemalige Zugehörigkeit des Klosters zu einem Pilgerorden und das Patrozinium des heiligen Pelagius, welcher mit seinem Namen an die Auffindung des Jakobus-Grabes erinnert.

Pilger wandern sodann weiter gegen Süden, den Neckar stromaufwärts, den Albtrauf zu seiner Linken. Sie gehen vorbei an der Jakobskirche in Tübingen, über Balingen und Rottweil nach Villingen-Schwenningen. Immer wieder wird ihnen bewusst, dass sie auf alten Spuren wandeln: Im Villinger Münster bemerken sie die mittelalterliche Steinstatue der »Pilgerkrönung« durch den heiligen Jakobus. Von dieser aus ziehen sie weiter nach Donaueschingen, dort gabelt sich der Weg in die Route über Einsiedeln und in den auch schon in früheren Zeiten begangenen Weg über Basel. Diesem folgend, gelangen Pilger durch die Gauchach- und Wutach-Schlucht sowie über die hügeligen Ausläufer des südlichen Schwarzwalds ins Klettgau. Sie erreichen nach einem kurzen Abstecher in die Schweiz Waldshut-Tiengen, wo sie der zweite große Pilgerheilige, der heilige Rochus, auf der Brücke vor dem Stadttor begrüßt.

Weiter wandern die Pilger am Rhein entlang, sie passieren Bad Säckingen mit der großen alten Holzbrücke und erreichen schließlich nach knapp zwei Wochen Basel. Wenn der Klang ihrer Füße im Inneren des romanisch-gotischen Münsters nachhallt, hören und fühlen sie, dass sich ihr Körper an das Pilgern angepasst und sich ihre Art zu gehen, ihr Schritt, verändert hat.

Schuhwechsel: Ich ziehe meine schwarzen Lederschuhe aus und tausche sie gegen robuste Wanderstiefel ein. Nach drei Jahren hektischer Wirtschaftswelt, klimatisierter Büroräume, 14-Stunden-Tagen, mancher durchgearbeiteten Nacht sowie unzähliger Flugmeilen, erhoffe ich mir in der Einsamkeit der Natur und der Langsamkeit des Gehens den Raum und die Ruhe zur Neuorientierung. Ich habe mir die Freiheit genommen, mir selbst zu begegnen.

Gerade halten sich die ersten Sonnenstrahlen am Horizont fest. Der Tag bricht an, und ich mit ihm zu meinem Jakobsweg auf. Das Echo unseres gemeinsamen gregorianischen Chorals hallt im Halbdunkel von den Wänden der Kirche in Ostfildern: »Oculi mei semper ad Dominum, quia ipse evelet de laqueo pedes meos …« – »Meine Augen schauen immer auf den Herrn, er ist es, der meine Füße aus der Schlinge löst …« Mittelalterlicher Gesang am Anfang meines Pilgerwegs: Pfarrer Peter Martins und meine Stimme klingen zusammen in der gleichen Melodie, nachdem dieser mir den Pilgersegen erteilt hat. Ich werde es noch oft hören, dieses Echo. Es wird von den glatten Steinwänden vieler kleiner Kapellen am Wegesrand bis nach Santiago zurückgeworfen werden. »Oculi mei« wird mein Mantra, mein Gebet, meine Versenkung für die 2600 vor mir liegenden Kilometer.

Die Morgensonne überzieht die Felder auf dem Weg zum Kloster Denkendorf mit Blattgold. Frische, kühle Luft in meinen Lungen. Ungewohnt sind die ersten Schritte, das Gewicht des Rucksacks auf dem Rücken, der Pilgerstab in der Hand. Sie künden von einer neuen Freiheit und einem neuen Frieden. Drei Monate keine Termine, keine Abgabefristen. Eine Bäuerin ruft mir fragend vom Feld zu: »Wohin?« »Nach Santiago, nach Spanien!«, jubele ich gegen den Morgenwind euphorisch zurück. Sie schüttelt verständnislos den Kopf.

»Dem wünsch' ich meine Blasen an die Füße!«

Tübingen. Erste Etappe, 21:00 Uhr abends. Meine Muskeln sind komplett ausgelaugt. Mein Kreislauf am Boden. Das hatte ich mir anders vorgestellt. Der gerade erst erschienene Pilgerführer über Jakobswege in Süddeutschland gibt für die Strecke Esslingen – Tübingen 29 Kilometer Länge an. Macht für mich von Ostfildern so ungefähr 26, eine gute Wegstrecke für einen ersten Tag. Frohen Muts durchquerte ich das Waldgebiet hinter Denkendorf. Spätvormittags dann, als ich in der hochstehenden Sonne oberhalb Nürtingens am Rand des Neckartals ankomme, lächelt mich maliziös ein Wegweiser an: »Tübingen: 30 Kilometer«. Wie bitte? – Die erste Etappe gebe ich auf keinen Fall auf, es wäre ein allzu schlechtes Omen. Die Beine werden immer schwerer. Fast 50 Kilometer sind es am Abend bis zu meinem Etappenziel geworden, die letzten Kilometer reine Quälerei. Den Autor des Buches röste ich gedanklich über heißem Feuer. Das fängt ja gut an …

»Dass es so etwas gibt?« Es ist fast Mitternacht, als ich am Ende meiner Kräfte in Rottweil ankomme. Dunkel, Kälte, Regen. In drei Tagen bin ich fast 130 Kilometer gelaufen. Ich muss in Zukunft langsamer gehen, auch wenn es mich nach Santiago treibt, Rennen hat keinen Sinn, das spüre ich nun körperlich. Wo übernachte ich heute? Die Jugendherberge ist verschlossen. Der Wirt in der Kneipe gegenüber fährt mich unwirsch an, als ich nach einer Übernachtungsmöglichkeit frage. Und nun? Zurück zum Hotel »Sternen«, dessen Personal mir so freundlich den Weg zur Jugendherberge gezeigt hatte. Die Hotelière schaut mir mitfühlend in die Augen und gibt mir ein Zimmer »zum Jugendherbergspreis«, wie sie sagt. »Dass es so etwas gibt?« So liege ich nun in einem Romantik-Hotel in einem antiken Kastenbett und horche in meinen Körper hinein: Symphonie der totalen Erschöpfung. Dumpf geben die Muskelschmerzen in den Oberschenkeln den Takt vor. Der ganze Körper zittert vor Entkräftung leise Tremoli. Hüft- und Kniegelenke wimmern an- und abschwellend. Die Schultern schmerzen vom ungewohnten Gewicht des Rucksacks mit pochenden Einwürfen.

Die stechenden Blasen an den Füßen gehen im Gesamtklang unter. Selten habe ich mich so lebendig gefühlt … Morgen wird die Hotelière mir noch Wegproviant in die Seitentaschen meines Rucksacks stecken, und als ich bezahlen will, wird sie lächelnd abwehren und sagen: »Pilger, geh!« »Dass es so etwas gibt?«

Und dann nachts, bei einem Bauern in Trasadingen, greift die Trauer einer verwehten Liebe nach mir. Sie fehlt. Noch viele hundert Kilometer.

Sichtwechsel

Von Basel nach Genf

»Der Langsame sieht mehr.«

Sten Nadolny

Innerhalb des Aufbruchprozesses von Pilgern – ihrer Loslösung aus ihrem bisherigen Alltag – verändert sich nach der körperlichen Umstellung auf die Pilgerschaft nun auch ihre Sichtweise, ihre Wahrnehmung der Umwelt. Die Einsamkeit, ihre relative Langsamkeit in der neuen Umgebung, der Natur, lassen sie ihre Außenwelt intensiver, farbenprächtiger, detailreicher wahrnehmen. Sie entledigen sich »des neuen Lasters des modernen Menschen: der Schnelligkeit«, wie Aldous Huxley schreibt.

Mit dieser veränderten Wahrnehmung brechen sie jeden Tag zu zwei neuen Horizonten auf: äußerlich zu ihrer Wegstrecke, innerlich zu der Intensität ihrer Erfahrung. Jeden Tag erweitern sie ihren Gesichtskreis. Das, was außen ist, dringt tiefer in sie ein: die Natur, Begegnungen am Wegesrand. »Wer geht, sieht im Durchschnitt anthropologisch und kosmisch mehr. Ich bin der Meinung, dass alles besser gehen würde, wenn man mehr ginge«, befindet der »Spaziergänger nach Syracus«, Johann Gottfried Seume. Im Alleinsein sind Pilger nicht abgelenkt von Sorgen und Nöten ihrer Nächsten und stellen sich nicht dar. Sie wandern, wie sie gerade sind, sie begegnen in ihrem So-Sein der Außenwelt und erfahren diese und sich dadurch neu. Deshalb ist nach Hermann Hesse »Einsamkeit der Weg, auf dem das Schicksal den Menschen zu sich selber führen will«.

Die Veränderung in der Wahrnehmung der Außenwelt wandelt Pilger noch in einer zweiten Hinsicht: Die auf sie einstürmenden neuen Sinneseindrücke fordern und fördern ihre unmittelbare Aufmerksamkeit. Diese öffnen ihr von der Grundfrage umlagertes Bewusstsein – das, was sie auf den Weg gerufen hat, ist plötzlich fern. Sie reißen die verriegelten Fenster auf, und mit der neuen frischen Luft strömt Abstand zum bisherigen Alltag in Geist und Seele. Der spanische Philosoph José Ortega y Gasset schreibt in diesem Zusammenhang: »Man begreift, dass Entfernung, Reisen eine gute Kur sind. Sie sind Heilmittel der Aufmerksamkeit … Durch Reisen werden wir gezwungen, aus uns selbst herauszugehen und tausend Probleme zu erledigen; sie lösen uns aus unserer alltäglichen Fassung heraus und bringen uns mit tausend ungewohnten Gegenständen in Berührung; so sprengen sie den magischen Ring und öffnen Breschen in dem verkapselten Bewusstsein, durch die mit der frischen Luft die normale Perspektive eindringen kann.«*

* José Ortega y Gasset, Über die Liebe. Deutsche Übersetzung von Helene Weyl, Copyright © 2002, Deutsche Verlagsanstalt München, in der Verlagsgruppe Random House GmbH

Mit dem äußeren Sichtwechsel beginnen erste Ablöseprozesse und intuitive Umbewertungen, mit der eindringlicheren Betrachtung der Natur vertieft sich irgendwann auch die Aufmerksamkeit für sich selbst, vertieft sich die Aufmerksamkeit für die eigene innere Seelenlandschaft. »Siehe, du blinder Mensch, ich will dir's zeigen: gehe auf eine Wiese!«, schreibt der mystische Denker Jakob Böhme.

In dieser neuen Wahrnehmung sind Pilger nicht auf einem beliebigen Weg, sie gehen den Jakobsweg. Sie laufen in den Spuren anderer vor ihnen: Spuren, die zum Teil bis in das Mittelalter zurückreichen. Alle haben sie etwas hinterlassen. Greifbar: Brücken, Kapellen, Klöster, Wegzeichen. In der Atmosphäre: Schweiß, Mühsal, Tränen, Verwünschungen, Gebete. Die spirituelle Aura und die Gewissheit, dass andere vor ihnen in ihrem ganz eigenen Anliegen diesen Weg gegangen sind, helfen ihnen, sich von ihrem bisherigen Alltag zu lösen und ihre unmittelbare Wahrnehmung zu schärfen und zu verändern.

Um die Mittellandroute, die ehemalige »Oberstrass«, zu erreichen, führt der Jakobsweg von Basel über die einsamen Höhenzüge des Schweizer Jura bis nach Solothurn und weiter nach Bern. Bald darauf folgt er dem Hauptweg der mittelalterlichen Jakobuspilger über Fribourg, Romont, Moudon nach Lausanne und malerisch am Ufer des Genfer Sees entlang weiter nach Genf, begleitet von historischen Kirchen und Kapellen, Zeugen der Jakobuspilgerfahrt seit Jahrhunderten.

Wenn Pilger durch das Tor des Basler Münsters ins Freie treten, sehen sie den Jura vor sich, den ihr Jakobsweg überqueren wird. Sie steigen zur Burgruine Pfeffingen empor und gelangen über Grellingen durch die naturwüchsige Chaltbrunnenschlucht nach Meltingen. Sie überqueren den Meltingerberg und finden einen der ruhigsten und friedlichsten Orte auf dem Jakobsweg: das Kloster Beinwil. Inmitten von Jurabergen, fern jeglicher Zivilisation, erfahren Pilger die meditative Ruhe der ökumenischen klösterlichen Gemeinschaft. Steil hinauf auf den Gipfel der Hohen Winde und auf einsamen kalkweißen Jurawegen wandern sie über die Höhenzüge nach Gänsbrunnen. Wenn sie sich in der barocken St. Ursen-Kathedrale von Solothurn sammeln, haben sie den Weißenstein überquert und die Einsiedelei in der Verenaschlucht passiert. Die Pilger ziehen weiter über Felder und durch Wälder, vorbei an gepflegten Bauernhäusern, bis Bern.

Sie steigen hinab zur Sense und wandern auf dem Uferpfad, begleitet vom Rauschen des Flusses, zur Schwarzwassermündung. Steil hinauf geht es nach Schwarzenburg, wo sie auf den von Einsiedeln kommenden ausgeschilderten Jakobsweg treffen. An der Außenwand der Kapelle in Tafers berührt sie mitten in der Schweiz das Zeugnis früherer Jakobuswallfahrt: die Darstellung des Hühnerwunders in Santo Domingo de la Calzada im fernen Spanien. Die Pilger nehmen die Route, die auch schon der Servitenmönch Hermannus Künig von Vach in seinem Pilgerführer von 1495 beschreibt: Über Fribourg und die uralte Brücke Sainte-Apolline über die Glâne gelangen sie zur Zisterzienserabtei Hauterive. Am Kloster La Fille-Dieu vorbei steigen sie hinauf nach Romont, wo sie sich in der dunklen Stille des Kircheninnenraums ausruhen können. Sie gehen weiter durch die mittelalterliche Stadt Moudon und erreichen über Felder und Hohlwege schließlich Lausanne am Genfer See. In der frühgotischen Kathedrale, unter der mächtigen Glasrosette, wird ihnen bewusst, welchen Stellenwert die Jakobuspilgerfahrt im Mittelalter hatte: Der Jakobsweg führte mitten durch die Kathedrale hindurch.

Daraufhin wandern Pilger am Ufer des Genfer Sees entlang bis zur alten Kirche Saint-Sulpice. Sie treten ein in die Stille der schweren Mauern; ins romanische Dunkel streut eine einzige Glasscheibe spärlich warmes Licht. Die Pilger folgen nach Morges entweder dem Ufer des Genfer Sees über Rolle oder weichen in die malerischen Weinberge nach Aubonne aus. Ab Nyon führt sie in beiden Fällen der Jakobsweg am Ufer entlang direkt in die »Vieille Ville«, die Altstadt Genfs. Wenn sie in der gotischen Kathedrale Saint-Pierre angekommen sind und sie der heilige Jakobus aus dem Glasfenster der Makkabäer-Kapelle anblickt, hat sich ihre Wahrnehmung an den langsamen Rhythmus des Pilgerns angepasst, hat sich ihre Sicht gewandelt.

Die Abendsonne scheint mir mild ins Gesicht, als ich das Kloster Beinwil erreiche. Um mich herum nur Juraberge. Die Luft riecht frisch und klar. Ort der Einsamkeit und Besinnung. Eine anmutige Schwester öffnet mir, als ich an der Klosterpforte läute. Freundlich wird mir bedeutet, dass ich Unterkunft für eine Nacht finden kann. Es läutet zur Vesper. Gregorianik. Wechselgesänge. Schweigen beim Abendessen. Danach sitzen Bruder Jakob und ich wortlos gemeinsam auf einer Bank im Kreuzgang. Rosen baden im Brunnen, senden Botschaften der Ruhe. Vigilien.

Hohe Luftfeuchtigkeit. Mir läuft das Wasser übers Gesicht, mein Atem keucht. Der Pilgerstab stützt mein Gewicht im Rhythmus meiner Schritte, die Oberschenkel ziehen, die Waden brennen. 700 Höhenmeter steil auf die Hohe Winde. Die erste »Bergwertung«: Kategorie Eins. Oben angekommen, reißt der Himmel stahlblau auf. Einige Quellwolken, das ist alles. Was für ein herrlicher Kontrast: die leuchtend weißen Wege des Jura vor mir, die sich am Horizont vom tiefblauen Himmel absetzen.

Sogar kurz vor Bern liegen noch Bäume im Weg, entwurzelt durch den Sturm des vergangenen Jahres. Da helfen die sonst so perfekt ausgeschilderten Wanderwege der Schweiz auch nicht weiter. Ich quere ein gesperrtes Waldstück, der Umweg würde mir zusätzliche fünf Kilometer bescheren. Mit dem Auto oder dem Fahrrad unterwegs, wäre ich durch diesen nicht wesentlich aufgehalten, für mich als Fußgänger bedeutet er jedoch eine zusätzliche Stunde. Ich klettere über, unter, zwischen umgefallenen Bäumen hindurch. Bedrohlich wiegen sich knarzend die noch stehen gebliebenen Bäume im Wind. Ich bin froh, als ich durch bin. Bern wartet.

Seitdem ich durch die Schweiz gehe, habe ich jedes Mal, wenn ich vom Land in eine Stadt oder von der Stadt aufs Land wechsle, das Gefühl, in einer ganz anderen Welt, in einer ganz anderen Zeit zu sein. Es ist, als ob die Uhren unterschiedlich schnell liefen. Hier moderner Alltag, Wohlstand, Hektik, Oberflächlichkeit. Dort Anschluss an die Natur, Einfachheit, ein ruhigeres Tempo, mehr menschliche Nähe. Aber wahrscheinlich ist das in Deutschland genauso, und ich habe es bisher nicht bemerkt.

Im Schwarzwassertal hat es angefangen: Drohend bedeckte sich der Himmel mit einer dunkelgrauen Wolkenschicht. Endzeitstimmung, ein nasskalter Wind kommt auf, die Luft riecht nach Waldboden. Blauschwarze Schleier verwischen die Sicht. Es regnet, als ich Schwarzenburg erreiche. Nein, es regnet nicht, es schüttet. Meine Brille beschlägt, das kalte Wasser peitscht mir ins Gesicht. Die Darstellung des Hühnerwunders an der Jakobskapelle in Tafers sehe ich nur aus den Augenwinkeln, ich bin heilfroh, als ich endlich Zuflucht in einem Gasthaus finde.

Am nächsten Morgen sieht es nicht besser aus. Und nun? Hierbleiben? Kommt nicht infrage: Weiter! In Fribourg nehme ich nur die Kathedrale wahr. Von innen. Ein Moment ohne Dauerregen. Über die alte Brücke Sainte-Apolline: Die Fußspuren der Jakobuspilger aus dem Mittelalter zeichnen sich auf dem Brückenpflaster ab. Kloster Hauterive. Ich bin jetzt schon klatschnass und klamm, meine Wanderschuhe geben bei jedem Schritt schmatzende Geräusche von sich. Es regnet, regnet, regnet. Irgendwann schaltet meine Aufmerksamkeit ab. Trance. Den Kopf zwischen den Schultern, den Blick auf den Boden gerichtet, hebe ich ihn nur noch an Wegkreuzungen, um Markierungen zu suchen. Mir gehen die verrücktesten Sachen durch den Kopf: schmerzhafte und schöne Momente meiner Vergangenheit, unterlegt von Up-tempo-Charlie-Parker-Solos und immer wieder: Ultreïa. Weiter. Weiter. Nach Chavannes-sous-Orsonnens wird aus dem Dauerregen eine Sintflut. Ich folge einem zum Bach gewordenen Pfad abwärts, der von einem Zaun begrenzt wird. Mir schießt das Wasser über die Füße. Auf den Zaunpfählen sitzen auf Armeslänge entfernt große Greifvögel mit Schnäbeln und Krallen wie aus Messerstahl und schauen mich mit giftigen Augen an. Bei dem Regen können selbst sie nicht mehr fliegen. Mir ist unwohl, vorsichtig gehe ich an ihnen vorbei. Am Konvent La Fille-Dieu ist kein Lebenszeichen zu sehen, ich werde noch nach Romont müssen. Wieder in den Regen hinaus. Im Abendlicht erreiche ich die Stadt. Doch plötzlich legt sich der Wind, der Himmel reißt auf, ein Blick zurück: Ein doppelter Regenbogen schillert über dem Konvent. Atemlos hebe ich zum ersten Mal an diesem Tag frei meinen Kopf, durchflutet von der Erkenntnis: Schönheit und Mühsal können nahe Verwandte sein.

Die zwei Fußspuren auf dem Waldboden waren Vorboten von Pilgergefährten. Heute Morgen in der Herberge sitzen zwei Pilgerinnen aus Deutschland am Frühstückstisch, Kaffeeduft zieht durch den Raum. Nach fast drei Wochen Einsamkeit eine Begegnung: Anita und Ingrid. Beide um die 50 Jahre alt, beide sehr herzlich und sympathisch. Sie werden mir noch Monate später schmunzelnd erzählen, dass ich erst nicht einmal gegrüßt hätte. »Habt ihr einen Fön, um die Schuhe zu trocknen?«, sei meine erste Frage gewesen – den Gruß habe ich später ausführlich nachgeholt.

Wieder Regen bis nach Lausanne, nicht ganz so stark. Wir gehen zwei Tage gemeinsam. Es ist schön, sich austauschen zu können. Die beiden haben in Rorschach am Bodensee begonnen und gehen den Jakobsweg in Etappen, jedes Jahr ein Stück. Ihr Pilgern fühlt sich anders an. In Lausanne in der Kathedrale trennen wir uns vor dem Torbogen, Ingrid und Anita sind dieses Jahr in Fribourg gestartet und wollen nach Le Puy. Aus Zeitgründen haben sie zwei kleine Abkürzungen vorgesehen. Sie nehmen ein Boot über den Genfer See, wie schon im Mittelalter manche Pilger. Schade. Ob ich sie wohl wiedersehen werde?

Der Himmel öffnet sich für einen Moment. Saint-Sulpice liegt schon einige Kilometer zurück, mein »Oculi mei« aus dem dunklen Kapelleninneren klingt mir noch in den Ohren. Der Pilgerführer schlägt vor, das Ufer des Genfer Sees wegen der Fernsicht auf die Alpen zu verlassen. Hinauf in die Weinberge. Schnell zieht der Himmel wieder zu, der Dauerregen setzt erneut ein. Nichts ist es mit der Fernsicht, wäre ich nur unten am See geblieben!

Es hört nicht auf zu regnen. Irgendwann fehlt mir jegliche Markierung, weil es derart schüttet. Ich habe die Orientierung in diesem regenverhangenen, grünen Labyrinth verloren. Um mich herum nur Wein, ein Rebstock am anderen. Am einfachsten ist es, auf den See zuzugehen. Das Wasser läuft kalt meinen Pilgerstab entlang über meine klammen Hände. Ein Trauerspiel, nur der Wille treibt mich vorwärts. Wenn ich nicht ungefähr nach einem Monat in Le Puy sein müsste, um meinen Zeitplan einigermaßen einzuhalten, würde ich mich am liebsten irgendwo eingraben und mit der Sonne wieder herauskommen.

Eine halbe Tagesetappe vor Genf hat Fortuna ein Einsehen in Form von Bernard und Claire: In strömendem Regen hält in Coppet plötzlich ein Auto neben mir am Wegesrand. Beide sind Jakobuspilger und haben mich an meinem Rucksack, der Muschel auf meinem Hut und meinem Pilgerstab erkannt. Sie laden mich über Nacht in ihr Haus ein. Wie gut es tut, mit Gleichgesinnten im Trockenen zu sitzen, die Wärme eines Ofens im Rücken, den Duft von Käse, frischem Brot und Rotwein in der Nase …

»Genf!« Ich stehe kopfschüttelnd vor der Kathedrale. »Genf!« Vor einem guten Jahr habe ich in der Nähe von Genf gearbeitet und bin von Stuttgart aus im Wochenrhythmus hin- und hergeflogen. In einer Stunde. Nun bin ich tatsächlich den ganzen Weg zu Fuß hierher gelaufen. Über Wochen. Es kommt mir unwirklich vor.

Spurwechsel

Von Genf nach Le Puy

»Erst wenn wir aus unserer Herkunft heraustreten, können wir sie als solche erkennen und fühlen.«

Karl Otto Hondrich

Spurwechsel – die Spur zu wechseln meint beides: sowohl äußerlich aus dem modernen Alltag vollends in das Leben auf dem Pilgerweg überzutreten, als auch den innerlichen Spurwechsel, einen »Spürwechsel« zu vollziehen – einen unmittelbaren neuen Kontakt zu finden zur eigenen Gefühls- und Gedankenwelt.

Denn äußerlich benötigt der Körper die vier bis fünf Wochen Pilgerschaft, um sich auf die tägliche Kilometerleistung umzustellen: Die Muskeln der Beine und des Rückens, des ganzen Körpers stärken sich. Das Atemvolumen nimmt zu, der Kreislauf stabilisiert sich. Die ersten Umstellungsschmerzen sind überstanden, die Blasen an den Füßen abgeheilt. Eine tiefere, direkte Körpererfahrung stellt sich ein. Diese wird durch die nun selbstverständliche Bewegungsart der Pilger unterstützt: Ihr Schritt ist ein anderer als derjenige von marschierenden Soldaten oder von Musikern einer Marschkapelle. Nicht hart getaktet, sondern dem Untergrund angepasst. Er ist aber auch anders als der Schritt von Wanderern, weil jeder äußere Schritt auch ein innerer Schritt ist, der Spannungen auflöst. Pilgersein ist »nur eine Einstellung«. Diese unterscheidet sie von allen anderen Gehenden. »Der Weg wächst im Gehen unter deinen Füßen, wie durch ein Wunder«, schreibt Reinhold Schneider. Die Aufmerksamkeit für die Umwelt ist intensiver, detailreicher, farbiger geworden, Pilger fühlen sich in ihrer Außenwahrnehmung unmittelbar hineingenommen in den Kreislauf der Natur.

Nun wendet sich die Aufmerksamkeit nach innen. Pilger wechseln ihre Art, sich zu fühlen, sich zu spüren: Die bisher in Umrissen wahrgenommenen eigenen Gefühle füllen sich mit tiefen Empfindungen aus einem neu gewonnenen Kontakt zu sich selbst. Durch die Einsamkeit, das Eingebundensein in die Natur und die Erfahrung der Unerschöpflichkeit von Raum und Zeit werden Pilger notgedrungen mit sich selbst konfrontiert, nichts lenkt sie von außen ab. »Die zur Wahrheit wandern, wandern allein«, heißt es bei Christian Morgenstern. Sie wandern nach innen, zu ihrem eigenen verloren gegangenen Weg. Der erste Schritt zu diesem hin besteht darin, wieder auf sich selbst zuzugehen, sich selbst ohne äußere Einflüsse zu erfahren, Kontakt mit seiner Wesenstiefe, seiner Mitte zu knüpfen. Sinnsuchende Pilger wissen, dass sie diesen verloren gegangenen Bezug zu ihrem Wesenskern nur in sich selbst finden können. Der Mystiker Jakob Böhme schreibt: »Uns Menschen in dieser Welt ist daran am meisten gelegen, dass wir das Verlorene wieder suchen. So wir nun wollen suchen, so müssen wir nicht außer uns suchen.«

Mit dem Entschluss zum Aufbruch haben sich Pilger auf den Weg gemacht, um sich selbst zu finden. Sie wussten intuitiv, dass sie die Strukturen ihres bisherigen Lebens aufbrechen mussten, um sich näher zu kommen, um sich wandeln zu können. Sie mussten Wurzeln ausreißen, um zu neuer nährstoffreicher Erde zu gelangen. »Freund, so du etwas bist, so bleib nur ja nicht stehn, man muss aus einem Licht fort in das andre gehn«, heißt es bei Angelus Silesius im »Cherubinischen Wandersmann«. Der Ruf des Jakobswegs führt sie zu sich selbst. Wären sie ihm nicht gefolgt, wären sie sich ferngeblieben. Wären ferngeblieben dem Gespür für ihr Innerstes, ihren tiefen Gefühlen, ihren ganz eigenen Empfindungen und Bewertungen zu ihrem bisherigen Leben. Ohne diesen neuen Kontakt zu ihrer Gefühlswelt – nun unbeeinflusst von den Störsignalen aus den Erwartungshaltungen und Emotionslagen anderer – wären sie außerstande, ihren eigenen Weg zu erspüren. Sie suchen, wovon Hermann Hesse schreibt: »Es kommt nicht auf eine objektive, allgemeine Höhe der Leistung an, sondern eben darauf, dass der Mensch sein Wesen, das ihm Mitgeborene, so völlig und rein wie möglich in seinem Leben und Tun zur Darstellung bringe. Tausend Verführungen bringen uns beständig von diesem Wege ab, aber die stärkste aller Verführungen ist die, dass man im Grunde ein ganz andrer sein möchte, als man ist, dass man Vorbildern und Idealen folgt, die man nicht erreichen kann und die man auch gar nicht erreichen soll.«

Um sich wandeln zu können, ist für Pilger zuallererst der genannte »Spürwechsel« vonnöten, vorbereitet durch die Andersartigkeit des Pilgerlebens und die intensive neue Erfahrung der Außenwelt. Das bedeutet: die Wendung der

Aufmerksamkeit zu sich selbst, der Kontakt zu dem, was die Pilger im Innersten ausmacht. Bernhard von Clairvaux schreibt: »Deine Besinnung muss bei dir selbst beginnen, damit du dir selbst nicht gleichgültig geworden, dich vergeblich anderen zuwendest. Was nützt es dir, wenn du die ganze Welt gewinnst und einzig dich verlierst? Denn wärest du weise, so würde es dir doch an Weisheit fehlen, solange du über dich selbst nicht Bescheid weißt. Wie viel dir wohl fehlte? Nach meinem Empfinden alles.«

Der Jakobsweg von Genf nach Le Puy-en-Velay führt die Pilger vor allem durch die Einsamkeit und Schönheit der Natur. Zuerst entlang und oberhalb der Rhône, dann in die subalpine Landschaft von Savoyen. Der Weg quert hinüber ins Isèretal und verläuft auf dessen rechter Talschulter, bis er wieder auf die Rhône trifft. Er führt über den Fluss, dann hinauf zur Tracol-Passhöhe und zieht sich weiter bis in das vulkanische Bergland um Le Puy.

Seit dem Mittelalter ist in Genf die Place du Bourg-de-Four unweit der Kathedrale Sammelplatz und Aufbruchstelle der Jakobuspilger. Wie ein Auge betrachtet die alte Jakobsmuschel an einer Hauswand seit Jahrhunderten die sich unter ihr einfindenden Pilger, die sich mit einem »Ultreïa!« auf den Jakobsweg Richtung Le Puy-en-Velay oder Arles machen. Von der Muschel aus verlassen die Pilger Genf und überqueren bald darauf die Grenze nach Frankreich, wo sie die Johanniter-Komturei Compesières aus dem 13. Jahrhundert passieren. Zwischen dem Mont Salève zu ihrer Linken sowie den Ausläufern des Jura zu ihrer Rechten gelangen sie durch steile Hohlwege, dann auf einer Hochebene bis zum Schloss von Chaumont und schließlich nach Frangy. Bis hierher sind sie ungefähr der Route des Hermannus Künig von Vach, die dieser in seinem mittelalterlichen Pilgerführer beschreibt, gefolgt.

Die Pilger setzen ihren Weg weiter fort, immer auf und ab, über Höhenwege der Rhône entlang, am historischen franco-savoyardischen Grenzstädtchen Seyssel vorbei. Lange folgen sie der malerischen Rhône bis Chanaz, gehen vorbei am Klappern des Wasserrades einer alten Nussölmühle und steigen schließlich steil in die Weinberge von Savoyen auf. Sie genießen den weiten Blick aus der Höhe über die Rhône, bevor sie längs der Kante gehen, steil absteigen und den Flussauen folgen, bis sie in der romanischen Kirche von Yenne einen Moment der Versenkung genießen.

Wieder steigen die Pilger steil auf. In großer Höhe oberhalb der Rhône folgen sie dieser auf einem »Balkonweg« und erfreuen sich der erhebenden Aussicht. In Saint-Genix überqueren sie den Guiers, am Fluss entlang und durch das Hügelland gelangen sie an den Rand des Isèretals. Auf dessen rechter Talschulter wandernd, bewegen sie viele Kilometer lang das dunkle Innere kleiner Kirchen und Kapellen sowie das romanische Karmeliterinnen-Kloster in Saint-Romain-de-Surieu. Sie gehen durch ausgedehnte Obstplantagen, und plötzlich öffnet sich das Rhônetal vor ihnen. Auf der Brücke bei Chavanay überqueren sie den blaugrünen Fluss.

Nun geht es fast 900 Höhenmeter hinauf zum Tracol, dem Pass, der das Rhônetal mit dem vulkanischen Bergland um Le Puy verbindet. Die Pilger kommen an einer alten Kapelle vorbei, die früher Station auf dem Jakobsweg war. Ein Jakobsbruder restauriert sie mittlerweile liebevoll nach seiner Rückkehr aus Santiago. Immer weiter gehen die Pilger bergan, durch Obstplantagen und Felder, durch kleine charmante Dörfer, auf einer ehemaligen Eisenbahntrasse bis zur in die Passhügel geduckten Herberge am Tracol.

Die Wege werden schwarz vom vulkanischen Gestein, die Pilger wandern durch sanftes Hügelbergland, immer wieder ragen erloschene Vulkankegel auf. Ein kleiner Abstecher führt in das anmutige Queyrières mit seinen oktogonalen Basaltorgeln. Der Jakobsweg zieht sich an den alten Kirchen von Saint-Julien-Chapteuil und Saint-Germain-Laprade vorbei bis zum »Montjoie«, dem Punkt, von dem aus Pilger voll Freude zum ersten Mal Le Puy sehen. Bei Brives-Charensac überqueren sie die alte Brücke, welche sie direkt in die mittelalterliche Stadt führt. Sie besuchen St. Michael auf der Felsnadel, bewundern das Eingangsportal des romanischen Baus mit seinen mozarabischen Stilelementen. Durch das große Tor der Kathedrale steigen sie die steile Treppe hoch, direkt vor den Altar, hinein in die Aura der schwarzen Madonna.

Wenn Pilger sich im romanischen Kreuzgang mit seinen ornamental gesetzten verschiedenfarbigen Steinen sammeln, haben sich ihr Körper, ihr Geist und ihre Seele von ihrem bisherigen Alltag gelöst. Sie fühlen und spüren anders. Sie nehmen ihre Umwelt und ihre inneren Empfindungen wesentlich direkter wahr. Sie sind bereit, auf dem Weg sich selbst zu begegnen.

Genau in dem Moment, in dem ich hinter Genf über die Grenze nach Frankreich gehe, hört es endlich auf zu regnen, und der Himmel öffnet sich mit Vertrauen einflößendem Blau. Nach fünf Tagen Sintflut ein gutes Omen. Wie ausgeschnitten stehen die dunklen Konturen der Johanniter-Komturei in Compesières gegen den blauen Nachmittagshimmel. Sonnenblumen leuchten davor in nassem Tiefgelb. Vive la France! – Ich komme!

Die Wegkreuze sind wieder da! Wenn man plötzlich wiederfindet, was fehlte, merkt man erst, was man daran hat. In der calvinistisch geprägten welschen Schweiz waren sie verschwunden. Dieser Weg hier fühlt sich gut an: Hohl- und Höhenwege, subalpine Landschaft, eine wenig besiedelte Gegend, vor mir der Jura, schönes Wetter. Und mit den Wegkreuzen ist aus dem Wanderweg auch wieder ein Pilgerweg geworden. Der Untergrund ist zwar noch aufgeweicht und gleicht mehr dem Vorratslager einer Töpferei als einem begehbaren Pfad – aber wenigstens regnet es nicht mehr. Der Rest wird schon werden.

Von Weitem sehe ich sie, kurz nach Frangy unter einem großen Wegkreuz: zwei Pilger, die Rast machen. Ich komme näher: Anita und Ingrid, meine beiden »Lieblingspilgerinnen« aus der Schweiz. Welche Freude! Auf einer Wiese mittags feiern wir unser Wiedersehen mit einem großen gemeinschaftlichen Picknick. Da stören uns später nicht einmal mehr die Hunde, die bösartig bellen, wenn wir an ihren Gehöften vorbeilaufen.

»Eh, attendez! Vous devez venir!« – »Eh, wartet! Ihr müsst mitkommen!« Ein älterer Mann ist aus einem Hof inmitten eines Weindorfes getreten. Wir schauen zuerst uns und dann ihn fragend an. Was geschieht jetzt? Wenig später sitzen wir in der gemütlichen Probierstube von Raymont Barlet, Winzer und Herr über hervorragende savoyardische Weißweine. Schnell stehen ein paar eiskalte Weinflaschen vor uns, an denen außen das Kondenswasser herabperlt. Zwischen leisen Öffnungsgeräuschen einiger Korken und dem Knarzen seines Korkenziehers erzählt er uns, dass er es sich zur Aufgabe gemacht hat, keinen Pilger an seinem »Pilgerbrunnen« vorbeigehen zu lassen. Ein paar Weißweine später kommt der örtliche Pfarrer hinzu, um mitzuprobieren. Er hatte uns vom Friedhof aus bei einer Beerdigung einige Kilometer vor dem Ort gesehen und uns dem Winzer angekündigt – ich habe die Vermutung, dass der Pfarrer häufiger an solchen Weinproben teilnimmt.

Wieder ein Moment des Abschieds: Ingrid und Anita wollen wegen ihrer knapp bemessenen Zeit von Yenne aus ein, zwei Tagesetappen mit öffentlichen Verkehrsmitteln zurücklegen und den morgigen steilen Anstieg umgehen. »Wenn wir uns das dritte Mal begegnen, schicke ich euch eine Postkarte aus Santiago«, verspreche ich. Bisher habe ich noch nicht einmal eine Adresse. Meine Ahnung sagt mir, dass dies nicht das letzte Mal ist, dass ich sie sehen werde.

Yenne liegt direkt hinter mir. Zweite Bergwertung der ersten Kategorie: 600 Höhenmeter steil hinauf auf den Verbindungsweg zwischen den Tälern von Rhône und Isère. Nach fast vier Wochen ununterbrochenem Gehen hat sich mein

Körper komplett umgestellt. Ich laufe aufrecht, den Rucksack spüre ich kaum. Mein Kreislauf ist der eines Ausdauersportlers geworden, die Muskeln meiner Beine arbeiten stetig und kräftig. Meine Füße suchen ihren Kontakt mit dem Boden selbst, automatisch, als ob sie Augen an den Sohlen hätten und die beste Stelle fänden, um sich der Erde anzupassen und ohne überflüssigen Energieverlust wieder abzudrücken. Der Pilgerstab ist ein Teil meines Körpers geworden. Er gibt den Schrittrhythmus vor, findet seinen Weg in meine rechte oder linke Hand, fängt mein Körpergewicht ab oder hilft den Beinen, sich abzustoßen, je nachdem, was der Untergrund, die Wegführung und mein Gleichgewicht von ihm verlangen. Irgendwann in den letzten Wochen ist mir ein »innerer Geschwindigkeitsmesser« zugewachsen. Automatisch fühle und weiß ich, welchen Schnitt ich laufe: vier, viereinhalb, fünf, fünfeinhalb oder sechs Kilometer in der Stunde. Ich staune, wie es ist, austrainiert zu sein, mich auf meinen Körper zu verlassen, ohne Gedanken in mich hineinzufühlen, dem Wechselspiel des Atems, der Herzschläge, der Muskelkontraktionen still zuzuhören.

»So schlecht geht es dem Pilger gar nicht!« Hier im Isèretal scheint sich jeder Ort darauf auszurichten, Pilger hervorragend mit Lebensmitteln zu versorgen. Überall kleine Märkte, auf denen ein Blinder allein mit seinem Geruchssinn einkaufen könnte, so eindringlich und typisch riechen frisches Obst, Gemüse, Kräuter, Würste, Pasteten, Brot und natürlich Käse, Käse, Käse. »Luxuspilgern«, denke ich, als mir kurz nach Saint-Romain-de-Surieu in einer Käserei die Bedienung einen frisch geaschten Käse über die Theke reicht: »Vive la France!«

Ich liebe es, in den Abend zu laufen, wenn die Sonne sich dem Horizont zuneigt. Vor nicht ganz zwei Stunden habe ich Chavanay verlassen. Ein Bier nach der Überquerung der Rhône, dann steil an der alten Kapelle hinauf auf das Hochplateau. Hier oben ist es idyllisch. Ein leichter Wind geht mir durch die Haare, die warmen Strahlen der Abendsonne dringen ein in mein Gesicht. Pfirsiche und Minze duften intensiv. Mein Herz ist leicht und frei. Fehlt nur noch ein Glas Weißwein. Auch das finde ich heute noch …

Auf der Trasse der alten Eisenbahnstrecke zum Tracol. Sehr viel langweiliger geht es nicht: links und rechts ein Damm, darüber immer wieder eine kleine Brücke. Schon seit einigen Stunden hat sich der Himmel grau bedeckt, es nieselt leicht. Kurz vor Bourg-Argental bin ich durch ein Gewitter gelaufen, kein Ort zum Unterstellen, die Blitze schlagen in einem oder zwei Kilometer Entfernung in den Boden. Ich beschleunige aufs Äußerste, auf über sechs Kilometer pro Stunde. Ich spüre den hohen Puls an meiner Halsschlagader. Schritt, Schritt, Schritt, Schritt. Schritt für Schritt laufe ich mich in eine rageartige Trance. Plötzlich lösen sich aus der Tiefe meiner Seele längst verdrängte schmerzvolle Momente. Jeder Schritt ein Wutausbruch in den Boden. Abrupt bleibe ich irgendwann stehen und lache aus vollem Hals. Ein wenig komisch ist das alles schon. Meine Güte, nehme ich mich wichtig.

Es dämmert schon, als ich den Tracol im Regen erreiche. Der Wind weht mir kalt ins Gesicht, trostlos hier oben. Ich bedaure ein wenig, dass es nur noch gute zwei Tage bis Le Puy sind. Ich hatte gehofft, nochmals auf meine beiden Pilgerinnen zu treffen. Die werden wohl weg sein – schade. Das Gasthaus duckt sich vor dem Wind weg in die Hügel. Nun denn. Wärme umfängt mich, als ich eintrete. Glück gehabt, es gibt noch ein Bett für mich. Wäsche waschen, Tagebuch schreiben, die abendlichen Verrichtungen eines Pilgers. Im Gastraum soll es noch etwas zu essen geben – und da sitzen sie: Ingrid und Anita. Zuerst freudiges Erstaunen, dann zum dritten Mal großes Hallo! Diesmal notiere ich mir ihre Adressen. Vielleicht werden sie überrascht sein, wenn die Postkarten aus Santiago tatsächlich bei ihnen eintreffen.

Ich hab's geschafft! Ich bin rechtzeitig da. Von Santiago kann mich jetzt nicht mehr viel fernhalten. In einem guten Monat bin ich nach Le Puy gelaufen, die restlichen beiden Monate werden bis Santiago reichen. Die schwarze Madonna schaut mich trotz meiner so weltlichen Gedanken immer noch unbewegt heilig an. Kathedralenluft. Am Abend sitze ich zufällig mit einem Pilger in einer Pizzeria, er hatte sich einfach zu mir gesetzt. Olivier heißt er, er kommt von der Insel La Réunion und will morgen seine Pilgerschaft beginnen. Wie das wohl wird? Mit den vielen Pilgern? Bisher einen Monat allein und nun den Weg mit anderen teilen müssen? Oder dürfen? »On verra …« – »Man wird sehen …« Die Nacht und ein Bett im Franziskanerinnenkloster erwarten mich. Ich hab's geschafft! Ich bin rechtzeitig da. Von Santiago hält mich jetzt nicht mehr viel fern.

Seelenwandel

Von Le Puy nach Saint-Jean

»Wenn man die Ruhe nicht in sich selbst findet,
ist es umsonst, sie anderswo zu suchen.«

François de La Rochefoucauld

Wandlung erfahren: Wenn das Aufbruchmoment hinter den Pilgern liegt, wenn sie sich seelisch aus ihren bisherigen Alltagsstrukturen gelöst haben, wenn sie sich in das Pilgerleben sowohl körperlich als auch geistig eingelebt haben, dann ist die Zeit eigentlicher bewusster seelischer Veränderung gekommen. Verblasst sind die anfänglichen Schmerzen des schweren Rucksacks, die Blasen an den Füßen, die Unsicherheit im Finden von Weg, Nahrung und Unterkunft. Der Raum zur Neuerung öffnet sich, die Euphorie des Anfangs hilft nicht mehr über »Unwegbarkeiten« hinweg. Was Pilger auf den Jakobsweg gerufen hat, drängt mit aller Kraft in ihr Bewusstsein und verlangt nach Wandlung.

Ohne den Zauber des Anfangs erleben Pilger das »Auf-sich-reduziert-Sein« noch direkter und bewusster: Sie sind wirklich nur mit dem belastet, was sie (er-)tragen können.

Sie erfahren die menschlichen Grundbedürfnisse aus einer Nähe, die ihnen ihr Menschsein unmittelbar macht: echter Hunger, echter Durst, echte Erschöpfung, echter Schmerz. Ihr Leben besteht aus ganz einfachen Verrichtungen: Essen. Trinken. Schlafen. Gehen. Meditation.

Der meditative Rhythmus des Gehens löst die Spannungen und Blockaden der Seele auf wie stetig unterspülende Wellen des Meeres einen Küstenfelsen. Es ist ein Rhythmus entstanden, in dem Meditation und Gehen eins sind – in dem alles eins ist: der Atem, der Herzschlag, die Schritte, das Links und Rechts des Weges, das Auf und Ab des Horizonts, die Hügel und Wälder der Landschaft, der Auf- und Niedergang der Sonne, der abrupte Wechsel von grellem Tageslicht und dem Dunkel des Kapelleninneren am Wegesrand. Durch diese Einheitserfahrung, durch diesen inneren gegenstandslosen Frieden schimmert plötzlich ein ureigener Rhythmus, eine ureigene Empfindung. Intensive Nähe zu sich selbst – mit einem Mal erfahren Grundkonflikte aus diesem Einssein mit dem Göttlichen, der Natur und sich selbst Lösungen, die der Ich-fixierte Verstand nicht hätte finden können. Vor der »Fülle des Augenblicks«, dem spirituellen Reichtum sogar schmerzlicher Momente, wirkt jenes Selbstbild unwirklich, das im Alltag Erfolg und materielles Glück sichern soll. Das zufriedene Erleben des Moments wird zu einer Grunderfahrung. Dadurch lösen sich falsche Vorstellungen wie von selbst auf: Vorstellungen von Ich-Idealen, die man nicht befriedigen kann; Vorstellungen von einem fremdbestimmten Leben, das letztlich nicht das eigene ist. Pilger vergessen und verlieren sich im Rhythmus des Weges, um sich wiederzugewinnen. Jedoch: Sie gewinnen sich auf eine ihnen nicht vorhersehbare Weise wieder. Andere, ihnen bisher unbekannte Teile ihrer Seele fordern, in ein ganzheitlicheres Leben mit hineingenommen zu werden. Oder wie Martin Buber schreibt: »Alle Reisen haben eine heimliche Bestimmung, die der Reisende nicht ahnt.« Seelenwandel ist Wandlung jenseits des eigenen Ich-Bezirks.

Dieser ureigene Rhythmus, die Nähe zu sich selbst, weist Pilgern den ganz eigenen Weg, weist hinaus aus der drängenden seelischen Not, lässt sie Vertrauen wiedergewinnen zu ihrer eigenen Seelenmelodie, deren Noten ein Anderer, ein Größerer als sie gesetzt hat, lässt sie Orientierung in ihrer Mitte finden. Ein instinktives »Wissen-Was« nach zum Teil jahrelanger reflexiver Suche nach dem »Wissen-Wie«. Dieser unmittelbaren Erfahrung geht oftmals ein mühseliger Weg voraus. Innere und äußere Schwierigkeiten werden konkreter, wenn die Aufbrucheuphorie verflogen ist. Pilger lernen durchzuhalten, Gefahren zu bestehen und dann Schritt für Schritt zu realisieren, dass das, was Pilgern scheinbar widerfährt, nicht außerhalb, sondern in ihnen ist, dass alles eine Einheit ist und zu ihnen gehört. Ihre Seele hat sich in dieser Erkenntnis gewandelt.

Der zweite große Wegabschnitt bis nach Saint-Jean-Pied-de-Port steht im Zeichen dieser Seelenwandlung. Nach dem Aufbruch und der Loslösung aus Alltagsstrukturen bis Le Puy sorgen die eindrückliche landschaftliche Schönheit, die kontemplative Aura der wenigen Mitpilger und die gute, unaufdringliche Organisation des Weges für eine relative Freiheit von äußeren Bedingungen. Vier Wochen weltliche Unbeschwertheit, die umso tiefer die Seele berühren. Die vielen Kilometer zwischen Le Puy und Saint-Jean sind der große seelische Schritt, der zu gehen ist.

Gefahren

Von Le Puy nach Conques

»Wo aber Gefahr ist, wächst das Rettende auch.«

Friedrich Hölderlin

Gefahren der Pilgerfahrt – beide Worte sind in ihrer Bedeutung tief verbunden: Das »Fahren« – das Streben nach einem Ziel – und die »Gefahr« haben denselben mittelhochdeutschen Wortstamm. Die Jakobuspilgerfahrt war im Mittelalter so gefährlich, dass Pilger bei ihrem Aufbruch ihr Testament machten. Räuber, mordlustige Fährleute oder schlicht Krankheiten ließen viele Pilger ihr Grab in der Ferne finden.

Lebensgefährlich ist der moderne Jakobsweg nicht mehr. Für Suchende, für diejenigen, die ihre Seele zur Wandlung drängt, liegen die »Gefahren« des Jakobsweges eher in den Momenten, in denen sie nahe daran sind aufzugeben. Wandlung geschieht gerade dadurch, dass Pilger diese »Gefahrenmomente« durchlaufen, dass sie durchhalten, dass sie weitergehen: In der Grenzerfahrung öffnen sich Schranken zu bislang unbekannten Seelenanteilen, die dem Bewusstsein so erstmals zugänglich werden. Die »Gefahren« für moderne Pilger sind daher neben den äußeren Unwägbarkeiten wie Unwetter, Verirren und Schmerzen vor allem die inneren Zweifel aus Unentschlossenheit, Lustlosigkeit und Angst vor Veränderung.

Pilger sind diesen Prüfungen unentwegt ausgesetzt, diese fordern sie nach dem Erreichen des ersten großen Etappenziels jedoch besonders: Die Hochstimmung des Aufbruchs ist verflogen, die sie euphorisch über manchen kritischen Moment hinweggetragen hatte. Pilgern schien »machbar« geworden. Und noch hat sich die Routine nicht eingestellt, aus der heraus die inneren und äußeren Gefahren einschätzbar und leichter zu bewältigen wären. Oftmals entzünden sich an diesen Funken äußerer Wegbewältigungsproblematik Feuer innerer Seelenarbeit. Plötzlich brechen Dämme, und die Grundkrise fordert ihren Raum.

Da trifft beides zusammen: die äußere Schwierigkeit und die innere Krise. Sie addieren sich zu einer Belastung, die der Einzelne nur im Vertrauen auf das Göttliche weitertragen kann. Aus diesem Vertrauen erwachsen Kräfte, die zugleich Wege weisen aus der momentanen äußeren wie inneren Ausweglosigkeit. Seelischer Wandel erhält seine Impulse häufig in der Bewältigung von Grenzsituationen, in denen Pilger intuitiv erfahren, dass sie über sich selbst hinauswachsen können. Wer in der unerträglichen Situation weiterläuft, erfährt ganz praktisch, dass seine tatsächlichen Grenzen weit hinter den angenommenen Grenzen liegen. Damit wird plötzlich klar, dass die Beschränkungen im Eigenbild von Pilgern vielleicht grundsätzlich neu bewertet werden müssen. Im Durchhalten erfahren sie so eine neue Sichtweise auf ihren persönlichen Schmerz. Sie lernen, diesen anzunehmen, einer Wirklichkeit ein- und unterzuordnen, die ihr bisheriges Erleben übersteigt. Wer weiter geht, als er es sich zugetraut hat, vertraut darauf, dass er die Unsicherheiten der Zukunft bewältigen wird. Er kann sich dessen nicht mehr sicher sein, er geht ins Ungewisse. Er gibt die Kontrolle ab an etwas, das größer ist als er. Dies ist der wirkliche Aufbruch von Pilgern in ein neues Vertrauen zum Göttlichen und zu sich selbst. Deshalb lautet der Gruß unter Pilgern seit dem Mittelalter: »Ultreïa!« – »Weiter! Immer weiter!«

In Momenten der Krise erfahren Pilger häufig Hilfe von Gleichgesinnten: Gefährten in der Gefahr. Sie erkennen und erfahren, dass sie als Menschen nicht alleine unterwegs sind. Sie lernen gezwungenermaßen wieder Hilfe anzunehmen – sie benötigen sie so dringend, dass sie diese nicht ablehnen können. Dies fällt Pilgern am schwersten, die den Leitsatz der Konkurrenz in der modernen Leistungsgesellschaft fraglos verinnerlicht haben: Schwäche kann man sich nicht leisten, man muss immer alles alleine bewältigen. In ihrem Angewiesensein auf andere wird Pilgern deutlich, welchen Stellenwert brüderliche Unterstützung in der Not hat. Und sie werden sie freien Herzens anderen gewähren, wenn diese sie benötigen. Zum Menschsein gehören Momente der Krise – aber auch das Eingebundensein in die menschliche Gemeinschaft.

Wen eine innere Frage auf den Jakobsweg gerufen hat, für wen Wandlung wirklich notwendig ist, der geht in irgendeiner Weise durch die »Gefahren« der Pilgerschaft hindurch. Oftmals erfahren Pilger erst in diesen Momenten tiefe Veränderung und erreichen daraufhin Santiago als andere. Die heilige Katharina von Siena schreibt resolut im 14. Jahrhundert: »Das Beginnen wird nicht belohnt, einzig und allein das Durchhalten.«

Der Jakobsweg von Le Puy nach Conques könnte weder in landschaftlicher noch in kultureller Hinsicht eindrucksvoller und reicher sein. Für viele Pilger stellt dieser Streckenabschnitt einen Höhepunkt dar. Schon das Gefühl ist erhebend, nun wirklich auf einer der vier »mittelalterlichen Hauptschlagadern« des Jakobsweges nach Santiago zu wandern. Pilgerzüge weit aus der Vergangenheit sind scheinbar zum Greifen nah. Die nur spärlich besiedelte Landschaft des Massif Central und die vielen Zeugnisse mittelalterlicher Pilgerschaft versetzen die heutigen Pilger in eine andere Zeit: Pilgern im Mittelalter kann nicht viel anders gewesen sein.

Der Weg führt aus Le Puy auf der im Jahr 1314 so benannten Rue Saint-Jacques hinaus. Nach dem Aufstieg auf die Hochfläche der Berge des Velay lassen Pilger die vulkanische Landschaft Le Puys hinter sich. Vorbei an der Burg von Saint-Privat-d'Allier steigen sie steil ins Allier-Tal hinab, queren den Fluss bei Monistrol-d'Allier und wandern in der Ginsterlandschaft auf der anderen Seite des Tals noch steiler wieder aufwärts. Sie sind in das Bergland der Margeride mit ihrer Einsamkeit der Wälder und ihrer wilden Schönheit gelangt. Nach Saugues gewinnt der Weg langsam an Höhe bis zum Pass des heiligen Rochus. Der Pass liegt immerhin auf 1300 Metern über dem Meeresspiegel und war im Mittelalter der Ort für ein Pilgerhospiz der Templer, welche die Jakobuspilger nach den Gefahren der Margeride beherbergten. Schnell wird klar, woher die nahe gelegene »Domaine du Sauvage«, das »Gut in der Wildnis«, ihren Namen hat. Auf diesem Weg begegnen den Pilgern nun auch erstmals Hinterlassenschaften des Hundertjährigen Krieges im 14./15. Jahrhundert zwischen Frankreich und England. Über Saint-Alban-sur-Limagnole gelangen Pilger nach Aumont-Aubrac und damit in die eindrucksvolle Leere des Berglands des Aubrac, der am wenigsten besiedelten Gegend Frankreichs. Anfänglich liegen dort vereinzelt Felsbrocken, wie von Riesenhand achtlos fallen gelassen, dann bietet die archaisch anmutende Hochfläche dem Auge keinen Halt mehr. An der Passhöhe liegt das Pilgerhospiz Aubrac, um das Jahr 1120 für die Wallfahrer erbaut. Ein flandrischer Graf war der Sage nach auf seinem Jakobsweg zweimal an dieser Stelle in Lebensgefahr geraten – auf dem Hinweg wollten Räuber ihm ans Leben, auf dem Rückweg verirrte er sich in einem Schneesturm. Er gelobte, ein Herbergskloster an diesem gefährlichen Ort zu stiften, wenn er überleben sollte.

Nachdem die Pilger den »Aligot« genossen haben – die aus Frischkäse und Kartoffelpüree hergestellte Spezialität des Aubrac –, steigen sie hinab ins Tal des Flusses Lot, dessen Lauf sie noch lange folgen werden. In Saint-Côme-d'Olt mit seinem gedrehten Kirchturm überqueren sie den Lot und gelangen durch Eichenwälder zur in rötlichem Stein erbauten Kirche Saint-Hilarian-de-Perse in ihrer ganzen romanischen Pracht. Sie gehen über die malerische gotische Brücke in Espalion, wie schon unzählige Jakobuspilger vor ihnen. Der romanische Altar in der hoch gelegenen Kapelle der Kirche Saint-Pierre-de-Bessuéjouls, das mittelalterliche Städtchen Estaing liegen hinter ihnen, wenn sie von Höhenwegen nach Conques absteigen. Die Pilger treten unter dem

Achtung gebietenden Tympanon in die hochromanische Pilgerbasilika, die nicht nur romanisch, sondern tatsächlich auch hoch ist: Um Platz zu schaffen für die mittelalterlichen Pilgermassen, die nach Santiago und zu den in Conques befindlichen Reliquien der heiligen Fides strömten, wurden Hochemporen in die Architektur der Kirche eingeplant. Nach der allabendlichen Pilgermesse in der dunklen Basilika begeben sich die Pilger im mittelalterlichen Pilgerhospiz, das heute von Mönchen des Prämonstratenserordens geführt wird, zur Ruhe: Sie haben das Massif Central überquert und die Gefahren der Margeride, des Aubrac und des Lot-Tals überstanden.

Die Nacht war unruhig. Mein rechter kleiner Zeh pocht mit einer Intensität in meinen Schlaf, dass selbst die meditative Aura des Franziskanerinnenklosters mich nicht endgültig zur Ruhe bringt. Wie geht es morgen weiter? Wie wird es sein, vielen Pilgern zu begegnen? GR 65 – la grande randonée. Wanderstrecke/Pilgerstrecke? Wie wird das mit den Unterkünften? »Die Karten werden neu gemischt …«

Es ist früh, 6:30 Uhr, Kaffee, Baguette. 7:00 Uhr Pilgermesse mit dem Bischof von Le Puy in der Kathedrale. Noch müde und doch unterschwellig aufgeregt, empfängt eine kleine Gruppe von ungefähr 20 Pilgern den Pilgersegen unter den Augen der schwarzen Madonna. Verstohlen mustere ich durch den Weihrauch meine Mitpilger. Sie atmen Aufbruchstimmung. Erst später werde ich erfahren, dass die meisten »nur« die landschaftlich schöne Strecke bis Conques gehen werden. Ein paar wandern noch darüber hinaus bis

Moissac, zwei vielleicht nach Saint-Jean-Pied-de-Port, höchstens ein weiterer läuft durch nach Santiago.

Ich bin der Erste auf dem Weg, suche die gewohnte Einsamkeit. Die Treppe vom Altar hinunter durch den Torbogen der Kathedrale. Die Stadt liegt noch im Schlaf, gerade macht die erste Boulangerie auf. Aus ihren soeben geöffneten Türen erobert der Duft von frischem Brot die Straße. Sauerstoffreiche Luft der Frühe in den Lungen. Kühle auf den blanken Unterarmen. Genau richtig für den 300-Höhenmeter-Anstieg hinter Le Puy. Die Sonne scheint warm auf meinen Rücken, ein gutes Omen, endlich kein Regen mehr. Wann Olivier wohl auf die Strecke geht? Glück durchströmt mich, als ich die Hochfläche erreiche. Geht doch, kein Problem. Es hat sich nichts geändert. Keine Übervölkerung des Weges, kein Mensch zu sehen. Schönes Wetter und innere Ruhe, der Weg schnurgerade und friedlich vor mir – perfekt.

Ende. Aus. Vorbei. Es geht nicht mehr. Bei La Roche, gerade mal 5 Kilometer hinter Le Puy: Der Schmerz aus dem rechten Fuß ist unerträglich. Durch die Feuchtigkeit der vergangenen Tage haben sich Bakterien in das Nagelbett des rechten kleinen Zehennagels vorgearbeitet, es ist entzündet. Heftiger Schmerz von einer Sekunde auf die andere. Bei jedem Schritt schlägt mir jemand einen Zimmermannsnagel in den rechten Fuß. So plötzlich. Völlig unerwartet: Ich bin in eine unsichtbare Mauer gerannt. Mir laufen Tränen über das Gesicht, Tränen der Wut, Tränen der Enttäuschung. 1000 Kilometer hinter mir. So viel Schwierigkeiten und Mühsal. Fünf Tage Sintflut in der Schweiz: alles überstanden. Und jetzt, wo ich auf der »sicheren Route« bin, jetzt, wo es einfacher wird, jetzt, genau jetzt erwischt es mich. Ich kann nicht mehr. Leere. Ich versuche zu gehen – ich halte das nicht noch weitere 15 Kilometer durch! Niemals! Die Tagesetappe ist dahin – der ganze Weg! Wenn das nicht abheilt? Wenn ich den Schmerz nicht in den Griff kriege? »Nach tausend Kilometern musste unser Pilger leider abbrechen.« »Santiago, ich komme …« – Wer kommt? Wohin?

Auf der Landstraße nach Bains, ich bin vom Weg weggegangen. Der einzige Gedanke: ein Arzt. Den gibt es laut Pilgerführer als Nächstes in Bains. Fünf Kilometer auf der Landstraße in den Abgasen ratternder französischer Kleinlaster auf dem Weg zum Wochenmarkt. Einen Schritt nach dem anderen, Feuer im rechten Schuh. Ein Arzt. Schritt. Ein Arzt. Schritt. Ein Arzt.

Ich will nicht mehr, wirklich nicht. Ein Taxi nach Le Puy, dann der Zug nach Paris, Paris – Stuttgart, das war's. Okay. Was nicht geht, geht eben nicht. – Nach dem Arzt unter Schmerzen durch den Ortskern – Dorfkern wäre wohl besser – von Bains, zur Apotheke. Die liegt natürlich genau am anderen Ende.

Woher kommt auf einmal die Ruhe? Der Fuß brennt zwar immer noch, aber ich fühle innere Ruhe. Und eine Stimme, die mit mir am imaginären Taxi vorbeiläuft, mich in das nächste Hotel flüstert, mich in ein Bett legt und sagt: »Schlaf dich doch erst mal aus. Wenn es morgen nicht geht, kannst du immer noch abbrechen.« Das war gestern um die Mittagszeit. Heute bin ich gegen 8:00 Uhr aufgewacht. Ich laufe wieder. Wahrscheinlich war ich nur völlig erschöpft. Körperlich, geistig, seelisch. Und hätte aufgegeben, es war knapp.

Saint-Privat im Eiltempo. Efeu. Ginster. Neu: andere Pilger. Steil hinunter ins Alliertal. Die Schmerzen halten sich in Grenzen, die entzündungshemmende Salbe scheint zu wirken. Monistrol. Die Stahlbrücke in Türkis über den Fluss. Aufstieg auf der anderen Seite des Alliers – die Karte sagt 600 Höhenmeter. Warum hält der Fuß so gut? Ich erhöhe das Tempo, Fünferschnitt. Nicht der Fuß ist es, der mich behindert, es ist etwas Inneres. So geht es nicht weiter. Vor lauter erstarrender Vorwegnahme der Meinung anderer sehe ich meinen Weg nicht, lasse mich als Geisel von Erwartungen und Wünschen anderer nehmen. Bleib ruhig. Es tut zwar weh, aber es ist auszuhalten.

»Mais Uli, pourquoi viens-tu de derrière? J'ai pensé que tu étais déjà à Saint-Jaques!« Warum ich von hinten komme und noch lange nicht in Santiago bin, kann ich Olivier so schnell nicht erklären. Der freundliche Franzose von der Insel La Réunion, den ich in Le Puy in der Pizzeria getroffen hatte und der seinen Weg dort begonnen hat – er läuft am Ende einer Gruppe mit weiteren fünf Pilgern: Paulette, Marie-Thérèse, Martine, Nicolas, Philippe. Gutes Grundgefühl mit ihnen. Olivier schaut sich meinen Fuß und meine Salbe an und meint: »Da habe ich etwas Besseres.« Von da an laufe ich in Begleitung einer Gruppe aus der französischen Stadt Mirepoix nach Conques, die – ganz französisch – ihre eigene »chef-de-cuisine« Nicou hat, welche an strategisch günstigen Plätzen mit Auto und Anhänger das große Picknick vorbereitet. Und vor allem laufe ich mit einem Arzt von der Insel La Réunion, der sich um meinen Fuß kümmert, bis er weitestgehend abgeheilt ist. Ich kann es nicht fassen. Gestern habe ich fast aufgegeben, heute dieses Glück! Die Pilgerweisheit bewahrheitet sich, die ich erst viel später hören sollte: »Der Jakobsweg ist wie das Leben. Er gibt dir, was du brauchst, aber auch nicht mehr.«

Widerfahren

Von Conques nach Moissac

»Nichts ist drinnen, nichts ist draußen.
Denn was innen ist, ist außen.«

Johann Wolfgang von Goethe

Nachdem sich wohl für alle Pilger in Momenten der Unwägbarkeiten und des Durchhaltens die Grundfrage ihrer Pilgerschaft – das, was sie auf den Weg gerufen hat – wieder mit aller Macht ins Bewusstsein gedrängt hat, ist für sie nun die Zeit bewusster Wandlung gekommen. Durch den intensiven Kontakt mit ihrer Umgebung und sich selbst erfahren sie, dass alles eine Einheit ist. Dass außen innen und innen außen ist. Sie erfahren, dass das zu ihnen gehört, was ihnen scheinbar von außen widerfährt: Sie sind es, die äußere Ereignisse wahrnehmen und bewerten. Ihre Seele in ihrem spezifischen So-Sein nimmt das, was von außen kommt, in einer ganz eigenen Weise auf, so wie das gleiche Mittagslicht die eine Blüte am Wegesrand in kräftigem Gelb, die andere in zartem Hellblau zum Leuchten bringt. »Im Leben sind die Dinge selten nur gut oder schlecht. Sie wechseln ständig, je nachdem, wann sie geschehen oder wem sie widerfahren«, schreibt der Erzähler Paul Wilson. Tief ist die Eigenart von Pilgern, zu beobachten und zu beurteilen, mit ihrem Innersten verschlungen, mit dem, was sie ausmacht. Und dort ist der Ansatzpunkt für eine wirkliche Veränderung. In einer neuen Nähe-Erfahrung mit der Natur, dem Göttlichen und sich selbst findet sich plötzlich von allein eine Antwort auf ihre drängende Frage: Nicht die Frage hat sich gewandelt, wohl aber ihr inneres Erleben, das nun von einem neuen Standpunkt aus ganz anders zu antworten weiß. Ihre Grundfrage erstrahlt in einem neuen Licht. Gelöst und gelassen werden sie weitergehen können.

Wesentlich für diese Wandlung ist die Wanderung in der Natur. Sie öffnet Pilgern ihren »Weltinnenraum«, wie ihn Rilke beschreibt. Fern ihrer bisherigen Alltagsstrukturen empfangen Pilger neue Impulse aus dem Rhythmus ihrer Schritte, die den Rhythmus des Weges, der Hügel und Richtungsänderungen aufnehmen. Die regelmäßigen Schritte lösen seelische Blockaden in ihnen und öffnen ihren Geist für den seelischen Gehalt, der in allem ist, was sie umgibt. In Einheitserfahrungen mit der Natur werden Pilgern seelische Erkenntnisse tief zugänglich. Die äußere Natur widerspiegelt ihnen ihre eigene innere wahre Natur. Sie gewinnen ein neues Selbst-Verständnis, ein neues Verständnis ihres Selbst. Ein bekanntes Wort von Johann Wolfgang von Goethe lautet: »Wär' nicht das Auge sonnenhaft, die Sonne könnt' es nie erblicken. Wär' in uns nicht des Gottes eigne Kraft, wie könnt' uns Göttliches entzücken?«

In der Natur, in dem, was Pilger von außen wahrnehmen, finden sie sich wieder. Ihr Empfinden der äußeren Welt spiegelt ihnen gleichsam ihre Seele und ihre innere Welt. Nur das, wofür sie empfänglich sind, kann sie berühren. Nur das, wofür sie eine innere Entsprechung in ihrer Seele haben, kann in ihnen eine Saite zum Klingen bringen, bringt sie in Resonanz mit ihrer Umwelt. Bereits Origenes schreibt in seinem Kommentar zum Hohelied: »Diese sichtbare Welt enthält einen Unterricht über die unsichtbare Welt, und der irdische Bestand fasst in sich gewisse Gleichnisse der himmlischen Dinge, damit wir von Dingen, die unten sind, Schlüsse zu ziehen vermögen auf jene, die im Himmel sind … und so kann man auch von allen andern Dingen annehmen, seien es Samen, seien es Wurzeln oder Tiere, dass sie zwar auf der einen Seite den Menschen einen leiblichen Nutzen und Dienst gewähren, andererseits aber Gestalt und Bild des Unsichtbaren enthalten, aus denen die Seele angeleitet werden kann, auch die himmlischen und unsichtbaren Dinge zu schauen.« Der Mystiker Jakob Böhme pflichtet ihm bei: »Wenn wir betrachten die sichtbare Welt mit ihrem Wesen, und betrachten das Leben der Kreaturen, so finden wir daran das Gleichnis der unsichtbaren geistlichen Welt, welche in der sichtbaren Welt verborgen ist wie die Seele im Leibe …«

Aus diesem Blickwinkel erfahren Schwierigkeiten der Vergangenheit eine neue Bewertung. Wenn alles eins ist, gehört die leidvolle Grundfrage eines jeden Pilgers, welche ihn auf den Jakobsweg gerufen hat, untrennbar zu ihm. Sie war Anlass, einen weiteren Entwicklungsschritt zu vollziehen. Irrwege und Umwege gehören zu jedem menschlichen Weg. Sie führen über den Schmerz des »Nicht-mit-sich-selbst-eins-Seins« zum Selbst, zum ureigenen Weg. Deswegen sind sie so wichtig. »Die Menschen, die den richtigen Weg gehen wollen, müssen auch von Irrwegen wissen«, schreibt Aristoteles.

Was Pilgern auf ihren leidvollen Wegen widerfährt, widerfährt ihnen demnach nur scheinbar. Es gehört zu ihnen, entsteht aus ihnen. Entsteht aus ihrem So-Sein, aus ihrer Seele, aus ihrer Persönlichkeit. »Was nicht im Menschen ist, kommt auch nicht von außen in ihn hinein«, hält Wilhelm von Humboldt fest, und Hermann Hesse verdeutlicht im Hinblick auf schmerzliche Erfahrungen: »Was nicht in uns selber ist, das regt uns nicht auf.« In der Einheitserfahrung mit der Natur und sich selbst lernen Pilger, dass ihre bisher vermeintlichen Irrwege keine Irrwege waren, sondern Wege, die sie zu sich selbst geführt haben. Denn außen ist innen und innen ist außen. Erst in dieser intuitiven Erkenntnis finden sie zu sich selbst und vermögen Frieden zu schließen mit ihrer Vergangenheit, mit ihrer drängenden Frage, die sie auf den Jakobsweg geführt hat. Erst wenn sie die Einheit vom vermeintlich getrennten Innen und Außen tatsächlich erlebt haben, löst sich ihre innere Zerrissenheit endgültig auf: »Die Scheidung von Außen und Innen ist unserm Denken gewohnt, ist ihm aber nicht notwendig. Es gibt die Möglichkeit für unseren Geist, sich hinter die Grenze zurückzuziehen, die wir ihm gezogen haben, ins Jenseits. Jenseits der Gegensatzpaare, aus denen unsere Welt besteht, fangen neue, andere Erkenntnisse an«, so erneut Hermann Hesse.

Der Jakobsweg von Conques nach Moissac führt durch die Natur des auslaufenden Massif Central, des Lot-Tals und der Kalkhochflächen des Quercy. Die beiden Hauptstationen auf der mittelalterlichen »Via Podiensis« werden verbunden durch ruhige, meditative Wege: Flaumeichenwälder und weite Ebenen in immer südlicherem Klima.

Im Pilgerhospiz von Conques nehmen die Pilger ihr Frühstück in der klösterlichen Gemeinschaft von Ordensbrüdern und Mitpilgern ein. Sie erhalten nach dem Morgengebet der Mönche in der Kathedrale den Pilgersegen und ein Stück Brot für den Weg. Steil gehen sie in der Rue Charlemagne hinunter in das Tal des Dourdou und überqueren den Fluss auf der alten Brücke. An der kleinen Kapelle der heiligen Fides steigen sie steil auf, und über Höhenzüge, an zwei kleinen Rochus-Kapellen vorbei, gelangen sie nach Livinhac-le-Haut am Ufer des Lot. Wenige Kilometer später blickt sie der heilige Jakobus aus einem Glasfenster der romanischen Kirche von Saint-Felix aufmunternd an. Beflügelt eilen die Pilger weiter in die an gotischen Bauten überreiche Stadt Figeac am Ufer des Célé. Im dunklen Kapelleninnern in der im Mittelalter zur Pilgerkirche ausgebauten Saint-Sauveur-Kathedrale sammeln sie sich für einen Moment und gedenken der vielen Jakobuspilger, die vor ihnen hier Station gemacht haben.

Sie steigen hinauf auf die »Causses«, die Kalkhochflächen des Quercy. Die so typische Landschaft mit kargen Böden und Eichenwäldern wird die Pilger fast bis nach Moissac begleiten. Auf der Hochfläche pilgern sie vorbei am Zeugnis des Glaubenswechsels vom keltischen Kult zur christlichen Religion: Steinkreuz und Dolmen hinter Gréalou. Weiter zieht es sie, bis sie hoch über dem Lot das Städtchen Cajarc vor sich im Tal liegen sehen. Hinab, am Lot entlang und wieder auf die Hochfläche der Causse hinauf, auf welcher die Pilger ein gutes Stück Wegs gehen bis Varaire, seit dem 13. Jahrhundert Station auf dem Jakobsweg. Früher stand hier ein dem heiligen Jakobus geweihtes Pilgerhospiz. Viele Kilometer folgen sie geradlinig einer alten Römerstraße, dann einem Trockental, das in steppenartige Landschaft übergeht. Sie haben den Lot überquert und sind in Cahors angelangt, wenn sie unter den mittelalterlichen Kuppeln der Kathedrale Saint-Etienne innehalten.

Über den Pont Valentré verlassen die Pilger die Stadt. Sie blicken auf die massive Wehrbrücke aus dem 14. Jahrhundert herab, wenn sie wenige Meter nach dieser steil den Pfad auf in die Wand geschlagenen Eisenhaken hinaufklettern. Blendend weiße Wege auf der Kalkhochfläche führen sie am Steinkreuz des blumengeschmückten Dorfes Lascabanes vorbei, vorbei auch an der alten Johanneskapelle über weite, offene Felder in die Altstadt von Montcuq. Von dort überqueren die Pilger mehrere Hügelketten und steigen steil den Stadthügel von Lauzerte empor, bevor sie unter den Arkaden am Marktplatz einen Augenblick verweilen. Den Hügel hinunter, die einsame Kapelle Saint-Sernin passierend, durch Sonnenblumenfelder, auf einem alten Höhenweg – schon die Jakobuspilger früherer Zeiten benutzten ihn –, vorbei an der Kirche Saint-Martin-de-Durfort, gelangen sie direkt unter das kunstvoll gestaltete romanische Portal der Abteikirche Saint-Pierre in Moissac. Bereits der erste Pilgerführer aus dem 12. Jahrhundert weist nur Moissac und Conques als Stationen auf der »Via Podiensis« von Le Puy bis nach Saint-Jean aus. Wenn die Pilger dem Kircheninneren einen Besuch abgestattet haben, treten sie ehrfürchtig in den wahrscheinlich besterhaltenen romanischen Kreuzgang der Welt.

Im kühlen Halbdunkel des Kreuzgangs kommen die Pilger zur Ruhe. Die Aura bildgewaltiger romanischer Kapitelle fällt auf sie herab, herab in die kontemplative Stille des gleichmäßigen Wechselspiels von Licht und Schatten zwischen 116 Marmorsäulen. Das alte okzitanische Lied der Jakobusbruderschaft von Moissac klingt aus fernen Zeiten: »Eroun trento ou quaranto, que parteren a Sen Jacque, per gagna lou paradis, Moun Diou! Per gagna lou paradis.« – »Wir waren dreißig oder vierzig, die nach Santiago aufbrachen, um das Paradies zu gewinnen. Mein Gott! Um das Paradies zu gewinnen.« Die Pilger hat berührt, verwandelt und geprägt, was ihnen seit Conques im Tal des Lot und auf den Kalkhochflächen des Quercy widerfahren ist.

»Le TGV arrive!« – »Der TGV kommt!«, ruft mir eine Gruppe von vier älteren Pilgern kurz hinter Montredon scherzhaft zu. Zwei Franzosen, eine Französin und – wie sich später herausstellt – ein Welschschweizer aus dem Wallis begrüßen mich herzlich. Alle sind sie um die 60 Jahre alt, sie bereiten sich auf ihren Ruhestand vor. Mit der »Gnade der jungen Beine« versehen, laufe ich ein wesentlich höheres Tempo als sie. Was ich in diesem Moment noch nicht weiß: Bis zu den Pyrenäen werde ich ihnen in Zukunft jeden Vormittag ungefähr um die gleiche Zeit begegnen. Sie stehen in der Dunkelheit lange vor mir auf und laufen die gleichen Etappen, die gleichen Tageskilometer wie ich. Die sind vielleicht zäh! Schnelligkeit ist eben relativ.

Wellen schlagen leise unter mir an den hölzernen Anlegesteg für Ruderboote. Das Holz riecht warm nach Sommer, nach dem Abdruck nackter Füße, nach Badetüchern und nach Sonnenöl. Mein Atem geht schnell, ich habe Sonnenbrand auf meinem Rücken und bin total erschöpft. Die anderen waren diesmal richtig gut, Kunststück, die kommen ja von hier, kennen sich aus. Wenn es in ein, zwei Stunden weitergeht, werde ich schon einen kriegen … es ist schwer, sich unter Wasser zurechtzufinden … das hölzerne Gewirr der beiden schrägen Anlegestege … pass auf die Pfosten mit den rostigen Nägeln auf … wenn man unten ist, muss man sofort durchtauchen, sobald der Fänger ins Wasser springt … wenn man oben ist, muss man den Anlauf genau auf den Zeitpunkt anpassen, an dem sich der Fänger erstmals am Holz festhält, und über ihn hinweghechten … in zwei Stunden wieder, in zwei Stunden wieder … Die Stimme meiner Großmutter ruft mir zu, es sei an der Zeit, eine Wurstsemmel zu essen. Großmutter? Langsam öffne ich die Augen. Über mir die Silhouetten sich bewegender Äste, durch die das Mittagslicht streut. Verwirrung. Dann die Erkenntnis: Ich bin bei einer Mittagsrast in Gréalou auf einem hölzernen Tanzboden eingeschlafen. Sein Geruch ist derselbe wie derjenige der Anlegestege im Ruderverein meines Großvaters am Wörthersee bei Klagenfurt. Als ich ein Kind war, haben wir in den Sommerferien immer mit den anderen Kindern Fangen im Wasser gespielt …

»Wo ist der Weg?« In Gedanken versunken finde ich mich mit einem Mal auf einem leeren Feld wieder. Das ist mir noch nie passiert. Keine Markierung zu sehen. Kein Baum weit und breit. Die Sonne brennt wie ein Scharfrichter vom Himmel. Ich habe mich verirrt.

Der Saft läuft mir klebrig übers Kinn, tropft auf den Lehm unter mir. Mit dem Handrücken wische ich mir den Mund ab. In Montcuq bin ich mit den ersten Sonnenstrahlen aus dem Armeezelt des Campingplatzes aufgebrochen, das als

Wanderherberge dient. Die Gruppe junger Franzosen aus Paris schläft noch. Müde sahen sie aus, als sie gestern Abend ankamen: Die Gesichter von der Sonne rot gesengt, die Füße von frischen Blasen gepeinigt, die Glieder vom kilometerlangen Laufen mit dem Rucksack schwer. Sie wollen vier Tage auf dem Jakobsweg von Cahors nach Moissac gehen. »Vielleicht brechen sie gerade auf«, kommt mir in den Sinn und schiebe mir ein weiteres Stück in den Mund. Die ersten Sonnenstrahlen scheinen gelb und warm auf die Felder, noch atme ich die kühle, feuchte Luft des Morgens. Ich war auf einen Anhänger zugelaufen, auf dessen Ladefläche ein kleiner Junge inmitten von frisch geernteten Honigmelonen saß: »Tu en veux un?« – »Willst du eine?«, fragte er mit hoher Stimme und warf mir auf mein Kopfnicken eine grüngelbe Melone wie einen Ball zu. Hier sitze ich, einen Kilometer weiter, sehe zu, wie die Farbe der Felder immer heller und strahlender wird. Honigaroma steigt mir in die Nase. Der Saft läuft mir klebrig übers Kinn, tropft auf den Lehm unter mir.

Nur ein Buch auf dem Altar, sonst ist die Kapelle leer. Unvermittelt liegt sie mitten im Wald auf einer kleinen Lichtung. Harter Kontrast, als ich durch den niedrigen Türsturz eintrete: innen die Kühle dicker Steinmauern, außen südfranzösische Hitze. Halbdunkel gegen gleißendes Sonnenlicht. Im Buch öffnen sich die Gedanken und Gefühle vieler Pilger vor mir. Sie haben sich auf den leeren Seiten verewigt: Trotz aller individueller Beweggründe, einen Jakobsweg zu gehen, vieles bewegt die Jakobuspilger doch in ähnlicher Weise. »Oculi mei semper ad Dominum, quia ipse evelet de laqueo pedes meos …«

Mir bleibt der Atem stehen: Diesen Kreuzgang habe ich nicht erwartet. Seit drei Tagen bin ich unterwegs in der Hitze der Hochflächen, geblendet vom stechenden Blick der südlichen Sonne von oben und dem grellen Widerschein kalkweißer Wege von unten. Gerade besiegelte ich noch am Tisch im Freien meine heutige Etappe mit einem Café und einem eiskalten Perrier Menthe, während ich den Blick über das Tympanon von Moissac wandern ließ. Meine Augen gewöhnen sich nun nur sehr langsam an den Halbschatten. Ungewohnt kühle Luft strahlt von den Steinen, ein zeitloser Friede liegt über dem mittelalterlichen Wandelgang. Jedes Kapitell eine eigene Bildergeschichte. Säule um Säule um Säule um Säule um Säule um Säule um Säule um Säule …

Der regelmäßige Rhythmus beruhigt mich. Ein einsamer großer Baum inmitten des Steinquadrates. Kreuzgänge haben es mir immer schon angetan. Besonders dieser.

Wir sind zu viert: Italo Calvino, Shakespeare, Thif und ich. Thif ist eine Abkürzung, eigentlich trägt die charmante Franco-Vietnamesin den für europäische Zungen unaussprechlichen Namen Thi-Phuong. In unseren Stühlen locker halb nach hinten gelehnt, die Füße auf den Durchbrüchen im Kreuzgang des Karmeliterklosters in Moissac, das zur Wanderherberge renoviert wurde. Literaturgesprächskreis mitten in Südfrankreich. Jeder mit seinem Buch bewaffnet, unterhalten wir uns über Calvino und die Sonette Shakespeares. So viel Kultur auf einmal ist ziemlich ungewohnt, aber eine echte Herausforderung. Später werden wir mit dem Rest der siebenköpfigen Pilgergruppe aus Paris gemeinsam zu Abend essen: dampfende Spaghetti, Wein im Überfluss, die laue Luft eines milden Sommerabends, Ro-

1800 Kilometer bis Santiago

Notre Dame de la Salette im Isèretal

Kathedrale in Le Puy

Aubrac – Vorboten

Mittagshitze in Aubrac

Espalion, 6 Uhr morgens

Morgensonne in Quercy

Lauzerte

Moissac

Weg zur Kapelle von Soyarza

Castrojeriz

Frómista

Castrillo de los Polvazares

Auf den Rabanal zu

Pfeil in Galicien

Kathedrale von Santiago

senduft aus dem Klostergarten, Kerzen im Kreuzgang und die unnachahmlich vibrierende Atmosphäre französischer Lebensart.

Erfahren

Von Moissac nach Saint-Jean

»Es gibt eine Kraft in der Seele, der sind alle Dinge gleich süß; ja, das Allerböseste und das Allerbeste, das ist alles gleich für diese Kraft, sie nimmt alle Dinge über hier und über jetzt. Jetzt, das ist die Zeit, und hier ist der Raum.«

Meister Eckhart

»Erfahren« bedeutete ursprünglich »reisen, durchfahren, durchziehen, erreichen«. Früh wird »erfahren« jedoch schon im heutigen Sinn verwendet: »durchmachen, erforschen, kennenlernen«. Die Pilger-Fahrt und die Er-Fahrung sind schon in ihrer Grundbedeutung eins. Pilgerschaft und Wandlung gehören zusammen: Pilger wandeln sich, indem sie sich erfahren. Dabei führt sie die zweifache Lösung zur Gelassenheit: Einerseits die Los-Lösung aus ihrem bisherigen Alltag, andererseits die Lösung der drängenden Frage ihres Rufes in Einheitserfahrungen. »Lassen heißt gewandelt gehen«, sagt der Psychotherapeut Bert Hellinger. Die Zeit einer unbegrenzten Freiheit ist gekommen. Zeit und Raum lösen sich endgültig auf. Es ist unerheblich, wo Pilger sind, wo sie heute Abend sein werden, wie viele Kilometer sie heute zurücklegen. Sie sind unmittelbar mit der Natur verbunden. Sie sind völlig frei. Sie sind. »Oft liegt das Ziel nicht am Ende des Weges, sondern irgendwo an seinem Rand«, schreibt der Literat Ludwig Strauss. Die Erfahrung der Einheit wohnt auf Dauer in Pilgern, ist bedeutungsvoller als jede Ankunft am Ziel: Das Einssein mit der Natur, mit dem Göttlichen und sich selbst, der unmittelbare Kontakt mit seinem Inneren wirkt als Bild für immer in ihrer Seele. Plötzlich fühlen sie ihren »eigenen Weg«. Instinktiv wissen sie die »echten Gefühle«, die aus ihrem Innern kommen, von ihren Projektionen zu unterscheiden. Nicht das, was sie mit ihrem Ich und ihrer Vernunft wollen, ist ausschlaggebend, sondern das, was ihnen aus der Tiefe ihrer Seele zukommt, was sie dort in ihrem Inneren als ihren eigenen Weg finden. »Suchen und Finden ist zweierlei, und dem Finden ist ein zu anstrengendes Suchen nicht günstig, im Gegenteil … Der Weg vom Suchen und Finden ist nicht gerade, und Willen und Vernunft genügen nicht, ihn zu gehen. Man muss horchen, lauschen, warten können, Ahnungen offen stehen. Mehr weiß ich nicht«, schreibt Hermann Hesse und verlangt von sich: »Ich muss Geduld haben, nicht Vernunft. Ich muss die Wurzeln tiefer treiben, nicht an den Ästen rütteln.«

»Je älter ich werde, desto tiefer bin ich beeindruckt von der Vergänglichkeit und Unsicherheit unserer Erkenntnis und desto mehr suche ich die Zuflucht bei der Einfachheit unmittelbarer Erfahrung, um den Kontakt mit den wesentlichen Dingen nicht zu verlieren … Es ist sehr wohl möglich, dass wir die Welt von der verkehrten Seite anschauen und dass wir die richtige Antwort finden können, wenn wir unseren Standpunkt änderten und sie von der anderen Seite her betrachteten, das heißt nicht von außen, sondern von innen«, schreibt der Tiefenpsychologe C.G. Jung in seinem letzten Lebensjahr.

Die Welt von innen zu betrachten, sich von innen bewegen zu lassen, führt zum eigenen Lebensweg. »Was ist mein Leben? – Was von innen her aus sich selbst bewegt wird. Das aber lebt nicht, was von außen bewegt wird«, schreibt Meister Eckhart. Sich von innen bewegen zu lassen, heißt aber auch, die permanente Kontrolle des Ichs abgeben zu müssen. Es bedeutet, zu erkennen und zu akzeptieren, wie nichtig und klein die Vorstellungen der Vernunft im Vergleich zur tief in der Seele wirkenden Kraft des Selbst sind. Der Mystiker Johannes Tauler relativiert ebenfalls: »Da kommen welche, die reden von so großen, überwesenhaften, überherrlichen Dingen, ganz so, als ob sie über alle Himmel geflogen wären, und doch haben sie nie auch nur einen Schritt aus sich selber getan in der Erkenntnis ihres eigenen Nichts. Wohl mögen sie zu vernunftsmäßiger Wahrheit gelangt sein, aber zu der lebendigen Wahrheit, die wirklich Wahrheit ist, kommt niemand, als auf dem Weg seines Nichts.« Die Erkenntnis der eigenen inneren Leere macht nun Platz für das Wirken des Göttlichen, macht Platz für die unmittelbare Wahrnehmung der Außenwelt und der eigenen tiefen Gefühle, macht Platz für das Einssein mit dem ureigenen Weg.

Der Jakobsweg von Moissac nach Saint-Jean-Pied-de-Port ist ein Weg durch das Hügelland der Gascogne, durch die Ebene des Adour und durch das immer hügeliger werdende Pyrenäenvorland. Viele alte Kirchen und Kapellen am Wegesrand geben den Pilgern Zeugnis von der Jakobuswallfahrt seit Jahrhunderten.

Nachdem die Pilger nochmals einen Augenblick im romanischen Kreuzgang in Moissac verweilt haben, treten sie unter dem Portal der Abteikirche hervor, im Rücken den Abschiedsblick der Statuen des Tympanons. Am Ufer des Seitenkanals der Garonne gehen sie entlang; überqueren den Fluss und steigen steil hinauf, mitten ins alte Stadtzentrum von Auvillar mit seiner runden Markthalle. Unter dem Uhrenturm hindurch und über das Hügelland weiter nach Saint-Antoine, Station des Pilgerordens der Antoniter auf dem Jakobsweg seit 1204. Wenn die Pilger in die Kirche eintreten, lassen die mozarabischen Anklänge im Portal sie erkennen, welchen kulturverbindenden Einfluss der Pilgerpfad im Mittelalter hatte. Über die Anhöhen um die Bastide Miradoux erreichen sie schließlich Lectoure, das schon im Mittelalter wichtige Station mit Pilgerhospizen und befestigte Bischofsstadt gewesen ist.

Nachdem die Pilger den kühlen Innenraum der Kathedrale Saint-Gervais et Saint-Protais verlassen haben, zieht es sie über Hügel und Felder nach Marsolan – auch hier stand einst ein Hospital für Jakobuspilger – und weiter über den historischen Jakobsweg zur Kapelle von Abrin. An der romanischen Kapelle der ehemaligen Johanniter-Komturei erblicken sie in einer Nische den Haken, an dem eine Lampe ehedem Pilgern in der Dunkelheit den Weg anzeigte. Weiter wandern sie nach La Romieu, wo sie sich im Kreuzgang und der Stiftskirche Saint-Pierre eine Weile ausruhen. Schon der Name der Stadt, »La Romieu«, zeigt die tiefe Verbindung zur Pilgerfahrt an. »Romieu« ist der allgemeine Name für Pilger: derjenige, »der nach Rom geht«. Ein deutscher Mönch hatte im Jahr 1080 auf dem Rückweg von Santiago de Compostela die Siedlung gegründet.

An der romanischen Kapelle Saint-Germaine vorbei, über Erhebungen und an einem Stausee vorüber gelangen die Pilger schließlich zur Kathedrale Saint-Pierre in Condom mit ihrem ausgedehnten gotischen Kreuzgang. Nicht weit hinter Condom überqueren sie den Pont d'Artigues; die romanische Brücke wurde eigens für Pilger vom Erzbistum Santiago de Compostela erbaut – viele Hundert Kilometer vom Grab des heiligen Apostels Jakobus entfernt. Sie wandern an der in meditativer Einsamkeit liegenden Kirche bei Routgès vorüber und über Anhöhen bis nach Montréal-du-Gers, eine der befestigten Städte aus dem 13. Jahrhundert. Von dort aus gehen sie inmitten von ertragreichen Weingärten und dann auf einer langen ehemaligen Eisenbahntrasse bis nach Eauze, ebenfalls Bischofssitz im Mittelalter, mit seiner gotischen Kathedrale Saint-Luperc.

Von Eauze wieder durch Weingärten und vorbei an Fischteichen erreichen sie Manciet, eine bedeutende mittelalterliche Station auf dem Jakobsweg: Der Ritterorden von Santiago führte hier im 13. Jahrhundert ein Hospiz für Jakobuspilger. Weiter geht es durch Hügelland und über den Midour ins ruhige Innere der romanischen Kirche Saint-Nicolas von Nogaro. Durch Wälder und an Bauernhöfen vorbei erreichen die Pilger schließlich Aire-sur-l'Adour. Aus dem dunkel bemalten Innenraum der Kathedrale Saint-Jean-Baptiste steigen sie auf eine Anhöhe zur romanischen Kirche der heiligen Quitterie. Über die weite Ebene des Adour gelangen sie zur romanischen Jakobuskirche in Sensacq. Sie nehmen den rekonstruierten historischen Jakobsweg durch die Hügel, an der romanischen Wehrkirche von Pimbo vorbei, bis in die Arkadengänge der ehemaligen Bastide Arzacq-Arraziguet. Diese trägt in ihrem Stadtwappen drei Jakobsmuscheln und erinnert so an ihre Tradition als Station auf dem Jakobsweg.

Von Arzacq passieren die Pilger über Erhebungen und eine Ebene mehrere kleine Weiler, bevor sie in Caubin durch das romanische Stufenportal der Johanniter-Kapelle treten und in ihr für einen Moment Zuflucht vor der Hitze suchen. Wenige Hundert Meter später treffen sie auf der Anhöhe von Arthez-de-Béarn wieder auf eine Stadt, die im Pilgerführer des Hermannus Künig von Vach von 1495 beschrieben ist. Dann folgen sie dem Hügel abwärts, über den Fluss Gave de Pau, an Maslacq vorbei, wieder ins Auf und Ab: Vier Höhenzüge liegen zur Überquerung vor ihnen. Unvermittelt steht einsam die Jakobuskirche von Sauvelade. Die klaren Formen des Zisterzienserbaus aus dem 13. Jahrhundert strahlen auch innen Ruhe und Frieden aus. Einige Stunden Gehzeit später erreichen sie die Mauerwälle und Befestigungsanlagen von Navarrenx am Ufer des Gave d'Oloron. Sie überschreiten den Fluss und gelangen durch die Anhöhen des Pyrenäenvorlandes nach Aroue. An der romanischen Kapelle Saint-Just von Olhaïby vorbei – eventuell mit einem Abstecher ins Franziskanerkloster von Saint-Palais –, kommen sie zum Stein von Gibraltar bei Hiriburia, der Stelle, an der sich im Mittelalter drei große Hauptströme des Jakobswegs vereinigten: der Weg aus Tours, der Weg aus Vézelay und ihr Weg aus Le Puy. Ab hier führte nur noch ein großer gemeinsamer Weg durch Navarra hindurch, bevor der vierte große französische Weg aus Arles dann bei Puente la Reina in Spanien ebenfalls in ihn mündet.

Weiter wandern die Pilger aufwärts durch die Wacholderheide zur Kapelle von Soyarza, steigen ab, gehen an der romanischen Kirche von Harambeltz vorbei bis Ostabat, seit jeher Station auf dem Jakobsweg. Im Mittelalter muss nach der Vereinigung der drei Hauptströme täglich eine wahre

Pilgerwelle über die Stadt hereingebrochen sein. Durch das Pyrenäenvorland gehen sie weiter, am einfachen Kreuz von Galcetaburia vorbei, nach Saint-Jean-le-Vieux, immer die gebirgigen Pyrenäen vor sich. Voran, vorwärts, weiter nach Saint-Jean-Pied-de-Port. Sie steigen auf dem Chemin-de-Saint-Jacques hoch, schreiten durch das Jakobstor der alten Stadt, gehen die Hauptstraße hinunter und treten ein in die Kirche Notre-Dame du Bout du Pont. Während sie im Halbdunkel der Kirche zur Ruhe kommen, wird ihnen klar, dass sie die letzte französische Station auf dem Jakobsweg erreicht haben: Sie haben Frankreich durchquert.

Wenn die Pilger aus dem Portal der Kirche von Saint-Jean-Pied-de-Port treten und hinaufblicken in die grüne Wand der hoch aufragenden Pyrenäenberge, wissen sie, dass die Erfahrungen ihres bisherigen Jakobswegs sie gewandelt haben. Eine weitere große Etappe ihres Pilgerwegs hat ihr Ende gefunden.

»Du bist aus Deutschland!« An der runden Markthalle im mittelalterlichen Auvillar kommt ein Mann auf mich zu. Sehe ich so typisch deutsch aus? Mit meinem Rucksack auf dem Rücken und in Wanderkleidung? Keine Ahnung, woran er mich erkannt hat. Im diesigen Morgengrauen bin ich in Moissac aufgebrochen und am alleengesäumten Kanal entlanggelaufen: »Links sind Bäume, rechts sind Bäume und dazwischen Zwischenräume …« Ein kurzer Anstieg hat mich in das Zentrum von Auvillar gebracht. Auf dem Mäuerchen am Ende des Platzes habe ich Aussicht über die unter mir liegende Ebene der Garonne. Noch Dunst im Tal. Ich quere den Platz mit den geparkten Autos, hin zum Marktplatz, viele »TÜ«-Kennzeichen. Dann dieser Mann. Ich schaue ihn fragend an. Plötzlich dämmert es mir: Das war schwäbisch, »TÜ« ist das Autokennzeichen von Tübingen! »Willst du mit uns frühstücken?« »Na gerne!« Sänger stehen wohl etwas später auf als Pilger: Ein Chor aus Tübingen probt eine Woche lang in Auvillar. In einem heimelig renovierten Haus direkt am Marktplatz gibt es ein großes Frühstück. Frisch gebrühten Kaffee, Orangensaft, noch warme Baguettes, selbst gemachte Marmelade und vieles mehr. Es tut gut, vertraute Klänge aus der Heimat zu hören. 1500 Kilometer unterwegs und mitten unter Schwaben. Die Tübinger können gar nicht glauben, dass ich zu Fuß hierher gelaufen bin. Ich kann es verstandesmäßig auch nicht, aber meine braun gebrannten Beine sehen so aus, als wüssten sie es. Und weil das Frühstück so gut war und wir tief miteinander ins Gespräch gekommen sind, lasse ich mich auch gerne zum Mittagessen einladen.

Jeden Morgen wache ich von selbst früher auf. Ich fühle mich, als sei ich eingewoben in den Rhythmus der Natur. Traumlos und tief sind meine Nächte. Mit der ersten Dämmerung breche ich auf, ich habe die Morgenstimmung lieben gelernt: Die Wege noch schemenhaft in der milchigen Luft. Der Bodennebel, der sich langsam auflöst und den wärmenden Sonnenstrahlen Platz macht. Zahlreiche Kilometer liegen oftmals schon hinter mir, wenn die Sonne mittags mit ihrer südlichen Kraft die Farben der Landschaft um mich herum ausbleicht. Auch mein durchschnittliches Lauftempo hat sich erhöht. Ich bin ohne Eile schnell unterwegs, mein Körper hat seine ihm eigene Schrittgeschwindigkeit gefunden.

Als ich nun im Abendlicht nach Eauze komme, bin ich doch müde. Heute waren es um die 40 Kilometer: Die Abstecher in die befestigte Burgstadt Larresingle, zur romanischen Dorfkirche Saint-Pierre-de-Genens und zu den farbkräftigen Mosaiken der gallorömischen Villa von Séviac haben den Weg lang gemacht. Irgendwann verlief ich mich in den darauf folgenden Weingärten dann auch noch. Den Rest haben mir die letzten sieben Kilometer bis Eauze gegeben: Die Bäume einer ehemaligen Eisenbahntrasse bilden einen kilometerlangen monotonen Tunnel aus Blattwerk, der kein Ende nehmen will: eine wahre Geduldsprobe. Ein Bier vor der Kathedrale bringt meine Lebensgeister zurück. Schräg hinter mir sitzt eine Frau, die die Szene mit Aquarellfarben festhält. Erst später werde ich erfahren, dass sie Agnès heißt, aus Paris kommt und bis nach Saint-Jean pilgert. Wo Christian wohl ist? Dem sympathischen Mittfünfziger begegne ich seit Saint-Antoine jeden Abend. Überraschung! Da steht er, Christian, mit dem Kochlöffel in der Hand. Der Duft des Abendessens zieht durch die Küche der Wanderherberge. Er hat für alle gekocht und lädt uns zum Essen ein. Irgendwo hat er unterwegs im Armagnac eine lang gelagerte Flasche gleichnamigen Branntweins aufgetrieben, den er als Digestif ausschenkt. Jetzt will ich nur noch in meinen Schlafsack. Morgen in aller Frühe geht es weiter.

Mir ist sofort schwindlig, als ich in die Krypta der Kirche Sainte-Quitterie hinabsteige. Dabei habe ich gar nichts Besonderes gegessen oder heute übermäßig viele Kilometer hinter mir. Ein sehr alter Mann zeigt uns den römischen Steinsarkophag hinter der Quelle im Fußboden und erklärt uns die Akustik der Kapelle, welche auch geflüsterte Schallwellen verstärkt und hoch ins Hauptschiff der Kirche schleudert. Er bedeutet uns, dass dieser Ort seit Urzeiten ein geheiligter Ort ist, schon ein römischer Tempel stand hier. Mir wird noch unwohler. Der alte Mann schaut mich aufmerksam an: »Si tu le sens pour la première fois, ça peut te déranger.« »Wenn du es zum ersten Mal fühlst, kann es dich verstören.« Er erläutert mir, dass von der Quelle eine hohe erdmagnetische Strahlung ausgeht, die man fühlen kann. An so einen Hokuspokus habe ich bisher ja nicht geglaubt, aber tatsächlich: Kaum bin ich aus der Krypta gestiegen, fühlt sich wieder alles ganz normal an. Ist das zu verstehen?

Mais, Mais, Mais; Tage des Mais. Vor mir Mais und neben mir Mais und hinter mir Mais und neben mir wieder Mais. Nichts als Mais. Überkopfhoch. »Ein Mais ist ein Mais ist ein Mais.« Seit zwei Tagen laufe ich nun in Maislabyrinthen herum. Wüste anderer Art: Statt grenzenloser Sicht permanent Sichtbegrenzung. Wände in Monokultur. Rot-weiße Markierungen sind genauso gut wie ein roter Faden. Nur raus hier.

Es wird der wahrscheinlich sentimentalste Moment auf meinem Jakobsweg werden. Mitten in der Nacht gegen 4:00 Uhr sind wir mit Taschenlampen aufgebrochen, Christian und ich. Ich hatte mich gestern im Sturm ins Franziskanerkloster von Saint-Palais geflüchtet, meine Weggefährten waren später einer nach dem anderen eingelaufen: Christian, Agnès, die Vier. Der Himmel hatte urplötzlich losgelassen, was seine dunklen Wolken hergaben: Sturzregen. Die Luft ist immer noch feucht vom Vortag. Mit jedem

Atemzug inhalieren wir dichten Nebel. In die Schwärze stanzen unsere Taschenlampen weiße Kreise. Schweigend gehen wir nebeneinander her, passieren die Stelle, an der die drei großen Jakobswege zusammenkommen. Und dann: Auf dem aufsteigenden Prozessionsweg zur Kapelle von Soyarza erhebt sich die Sonne rotgolden über den unter einer Watteschicht aus Nebel liegenden Tälern. Die Luft ist klar und reingewaschen vom gestrigen Regen. Der Weg führt geradewegs auf die Pyrenäen zu. Wir erreichen die Kapelle auf der Anhöhe. Nebel im Tal. Warme, lange Sonnenstrahlen im Gesicht. Die Landschaft verzaubert, vergoldet. Ein Gemälde von Caspar David Friedrich. Und wir stehen mittendrin.

Dann versucht mich jemand. Im langen Anstieg auf einen der Pyrenäenvorhügel habe ich eine Gruppe von Wanderern mit hohem Tempo überholt. Vielleicht sind es fünfeinhalb Kilometer pro Stunde. Einer hängt sich in meinen Windschatten und will an mir vorbeikommen. Er kann nicht wissen, dass ich schon 1700 Kilometer in den Beinen habe. Ich lasse einfach los: Ohne Gedanken, ganz in innerer Ruhe schaue ich meinem Körper zu, wie er die Steigung hinauf beschleunigt, weit über sechs Stundenkilometer. Ich bin alles: die Steine des Wegs unter mir, mein schneller Atem, die Hitze, meine rhythmisch arbeitenden Beinmuskeln, die Büsche und Sträucher entlang des Wegs, das Vor und Zurück meines Pilgerstabs, die brennende Sonne, der von meiner Stirn tropfende Schweiß. Dann bin ich oben. Ich drehe mich um und gehe auf den Wanderer zu, der kurz hinter mir mitgelaufen ist. Wir lachen uns an und umarmen uns. »On peut essayer …« – »War einen Versuch wert …«, sagt er nach

Luft schnappend. Ich gestehe ihm ebenso knapp bei Atem, dass ich schon seit zwei Monaten täglich laufe. Es sind nur noch ein paar Kilometer bis zum Etappenziel.

Saint-Jean-Pied-de-Port. Ich schaue die mit bunten Wimpeln geschmückte Hauptstraße hinunter, im Hintergrund die grünen Pyrenäenberge. Die touristische Stadt ist voller Menschen. Wie viele Pilger darunter sind, vermag ich nicht zu sagen. Wenn es stimmt, was in den Pilgerführern steht, wird es ab morgen vorbei sein mit meiner Pilgerbeschaulichkeit. Ab hier beginnt die meistbegangene Strecke des Jakobswegs, dank des Booms, den Paolo Coelho mit seinem Buch ausgelöst hat. Aber wer weiß, vielleicht wäre ich ohne ihn auch nicht hier. Wie das wohl wird? Ein wenig mulmig ist mir schon. Ich kann kein Spanisch. Wieder schaue ich hinauf zu den Bergen. Majestätisch liegen sie in der Abendsonne da. Wehmut überkommt mich, so schön war meine Zeit in Frankreich. Viel ist geschehen, viel hat sich bewegt. Ab morgen Spanien, ich bin gespannt.

Pilgerrout(in)e

Von Saint-Jean nach Santiago

»Bei den meisten Menschen ist die Ruhe nichts als Erstarrung und die Bewegung nichts als Raserei.«

Epikur von Samos

Pilgerroutine, Pilgeralltag – Pilger erreichen auf einer langen Pilgerfahrt den Punkt, an dem das Pilgern zur neu gewohnten Alltagsstruktur geworden ist. Weit zurück liegt der Aufbruch mit seinem Zauber und seinen Anfangserfahrungen. Die Seelenwandlung ist weitestgehend vollzogen, der Ruf des Weges gehört und verarbeitet. Die Aufmerksamkeit findet nun nicht mehr Zuflucht in äußeren und inneren Schwierigkeiten des Weges. Ein gleichförmiger Rhythmus stellt sich ein. Der Pilger Tagwerk besteht irgendwann aus den immer gleichen Verrichtungen: früh – oft sehr früh – aufstehen, kilometerweit laufen, unterwegs Nahrung organisieren, meditieren, Sehenswürdigkeiten betrachten, einen Schlafplatz suchen und finden, Wäsche waschen, Tagebuch schreiben, sich mit anderen Pilgern austauschen, zu Abend essen, die nächste Tagesetappe vorbereiten, früh zu Bett gehen.

Doch auch diese Erfahrung ist Teil der Pilgerschaft. Wieder verlangt der Weg eine neue Qualität im Zyklus der seelischen Wandlung. Permanente innere Entwicklung im Eilzugtempo ist kaum möglich. Die Seele benötigt Zeit, um neue Einsichten zu verarbeiten und in das Alltagsleben zu integrieren. Erst aus einer stabilisierten Seelenlage heraus werden wieder Impulse aufgenommen und verarbeitet, die dann zu weiteren Reifeschritten führen. Sonst wäre die Seele wohl überfordert. Oder wie es eine französische Jakobusschwester im Bild des Weges beschrieb: »Si on brûle les étapes, on n'arrive pas au vrai but.« – »Wenn man die Etappen verbrennt, erreicht man das wahre Ziel nicht.«

Zum Pilgersein gehört es, dieses Entwicklungsplateau zu akzeptieren und zu gestalten. Scheinbar bewegt sich innerlich nur noch sehr wenig, sogar vermeintliche Rückschritte lassen am Sinn der Pilgerfahrt zweifeln. Wenn Pilgern bewusst ist oder wird, dass es einer Seelenzeit der Stabilisierung bedarf, werden sie diese emotionale Durststrecke annehmen und formen können. »Durchzuhalten« gewinnt eine andere Bedeutung: Es sind keine »dramatischen Gefahren«, welche die Seelenreise der Pilger nunmehr bedrohen, sondern die Flucht in die Routine, in die Monotonie des neuen Alltags. Die in der Tiefe der Seele wirkenden inneren Kräfte der Konsolidierung wirken sich nur noch in geringen, kaum wahrnehmbaren Veränderungen aus. Der äußere Alltag von Pilgern stellt keine wesentliche unbekannte Herausforderung mehr dar. Die Versuchung ist groß in dieser Leere, entweder die Pilgerschaft abzubrechen oder in blindem mechanischen Eifer zum Ziel zu hasten. Nun heißt »durchhalten«: in der Einfachheit des Pilgerwegs innerlich wach zu bleiben, innere Leere zu ertragen. Stetig Schritt für Schritt. Pilgeralltagsarbeit: Kilometer um Kilometer zu gehen, ringend um seelische Aufmerksamkeit sich selbst, den Mitpilgern und dem Weg gegenüber.

Wenn die innere Bewegung abgeklungen ist, wendet sich das Bewusstsein von Pilgern vermehrt von inneren Prozessen nach außen, hin zu den Mitmenschen. Die nun gewandelte Identität ordnet sich neu in die Gemeinschaft ein, in die Pilgergemeinschaft. Denn Mitpilger sind nicht nur Gefährten auf demselben Weg, sie gehen zugleich ihren jeweils ganz eigenen Lebens- und Pilgerweg. Sie begleiten einander wie gedrehte Stränge eines Seils – alle gemeinsam und doch jeder allein. Aus ihrem gewandelten Selbstverständnis erwachsen nun neue Geltungsansprüche für die Pilger, die sie erst vorsichtig tastend in der wohlwollenden Gemeinschaft ihrer Gefährten erkunden. Sie schärfen ihre noch nicht ganz festgelegte neue Lebensorientierung und stabilisieren sie zugleich, indem sie ihren und die Wege der anderen gleichermaßen respektieren und innerlich zwischen ihnen vermitteln.

Der Prozess der inneren Festigung durch die äußere Routine des Pilgeralltags führt zu einem weitgehenden Abschluss des auf dem Weg begangenen Seelenwandels: Die Pilger bringen ihren Weg mit dem der Gefährten in Einklang. Sie finden sich in eine Pilgerroutine und die Pilgergemeinschaft ein, sie begegnen der Monotonie des Alltags und ihrer inneren Leere. Sie lernen, ihr spirituelles Anliegen auch unter gleichförmigeren Bedingungen nicht zu verlieren. Ihre gewandelte Seele festigt sich in den wiederkehrenden Rhythmen des Pilgerlebens.

Der dritte große Wegabschnitt bis nach Santiago de Compostela steht im Zeichen dieses Pilgeralltags, dieser Pilgerroutine. Im Vergleich zu den Erfahrungen des Aufbruches bis Le Puy sowie der Seelenwandlung bis Saint-Jean-Pied-de-Port schaffen die karge, weite Landschaft, die vielen Pilger und die beinahe schon touristische Organisation dieser meistbegangenen »Hauptroute« eine Atmosphäre der Routine bis nach Santiago de Compostela. Auf den fast 800 Kilometern der spanischen Wegstrecke, des »Camino Francés«, steht die neue Selbsterfahrung auf dem Prüfstand von Alltagsbedingungen: wer in Santiago ankommt, weiß die seelischen Störsignale des Alltags und der Routine auszufiltern. Pilger haben sich dann in ihrer gewandelten Identität weitgehend stabilisiert. Sie sind wahrhaft andere geworden.

Auflaufen

Von Saint-Jean nach Burgos

»Wer eine Wallfahrt unternimmt, der tut gut daran, nicht im Schwarm der Leute zu gehen. Mit der großen Volksmenge zu pilgern, würde ich nie anraten. Sind Hingabe und Glaube da, genügt jedes Bild, sind sie aber nicht da, so genügt keines.«

Johannes vom Kreuz

Zwangsläufig nimmt die Anzahl der Pilger zu, je näher man dem Zielort seiner Pilgerschaft kommt: Der eigene Pilgerweg ist nur einer der vielen Haupt- und Nebenflüsse, welche sich zu immer größeren Strömen von Pilgern vereinigen. So kommt für alle Pilger einmal der Moment, in dem sie aus ihrer Einsamkeit und Beschaulichkeit heraustreten; heraustreten aus dem Rahmen, in dem sie sich verändert haben und welcher der tief greifenden seelischen Wandlung günstig war: Abgeschiedenheit und der Raum der ungestörten Konfrontation mit sich selbst.

Ihre bisherige Konzentration auf innere Wandlungsprozesse in Einheitserfahrungen verlagert sich nun nach außen: Plötzlich richtet sich ihre Aufmerksamkeit wieder auf die anderen, auf die Gemeinschaft. Ihnen ist, als ob sie auf eine Wand aus Pilgern aufliefen: Der bewusste Kontakt mit den Bewegungen der vielen anderen bricht ein in die Schutzzone ihrer zurückgezogenen inneren Wandlung. Sie erleben sich herausgerissen aus dem Kokon ihres auf sich bezogenen Reifeprozesses. Nun gilt es für sie, sich als Neue wieder in eine Gemeinschaft einzuordnen: Nach den großen Etappen des Aufbruchs und der Seelenwandlung finden die Momente der Einheit mit der Natur und sich selbst jetzt im weiten Rahmen der Pilgergemeinschaft statt. In ihnen schwingt nicht nur die Fühlung mit dem eigenen Weg, sie tragen auch harmonische und disharmonische Obertöne im Zusammenklang mit den Wegen der anderen. Die vom Tiefenpsychologen Fritz Riemann beschriebene große Spannung scheint auf, »dass wir sowohl wir selbst werden, als uns in überindividuelle Zusammenhänge einfügen sollen«.

»In der Gemeinschaft ist es leicht, nach fremden Vorstellungen zu leben. In der Einsamkeit ist es leicht, nach eigenen Vorstellungen zu leben – aber bewundernswert ist nur der, der sich in der Gemeinschaft die Unabhängigkeit bewahrt«, schreibt der Geistliche und Philosoph Ralph Waldo Emerson. Demzufolge ist der eigene, wesensgemäße Weg von Pilgern gefährdet, wenn sie aus der Einsamkeit ihrer Wandlung in die Pilgergemeinschaft eintreten. Ihr bisheriger Werde-Gang und ihre starke Verbundenheit mit sich selbst ermöglichen ihnen jedoch, auch inmitten anderer Pilger weiterhin in tiefer Berührung mit ihrem Inneren zu bleiben und Störsignale der anderen auszufiltern. Weil das neue Selbstverständnis der Pilger noch nicht stabil in der Welt verankert ist, verlangt der gemeinschaftliche Weg besondere Aufmerksamkeit für die eigene Einzelspur. »Denn in der Harmonie hat jeder seinen eignen Klang / und seine eigne

Melodie im Weltgesang / Der Klang des anderen / und sei er noch so rein / ist nicht der seine / den muss er alleine / aus seines Herzens tiefster Quelle heben / den kann er nicht erlernen, nur erleben«, so der Lyriker Ephides schon in der Antike.

Aus diesem Einklang mit sich selbst heraus vermögen es Pilger auch zunehmend, die wesensgemäßen Wege der anderen in ihrer Andersartigkeit zu respektieren und gemäß den Worten Friedrich Nietzsches zu akzeptieren: »Das ist mein Weg, welches ist dein Weg? *Den* Weg gibt es nicht.« Jeder Lebensweg und jeder Pilgerweg ist einmalig: »Der Jakobsweg ist so breit, wie er lang ist – jeder geht ihn auf seine Weise.« Die individuellen Pilgerwege unterscheiden sich sehr: in der Länge der Gesamtwegstrecke, in der täglichen Kilometerzahl, in der Höhe des Gewichts auf dem Rücken, in der spirituellen Bedeutung, die dem Pilgerweg zugemessen wird, in der Verwendung von modernen Hilfsmitteln und Vereinfachungen. Jeder, der auf einem Pilgerweg geht, geht seinen ganz persönlichen Weg, aus seinen ganz individuellen Motiven heraus, in seiner ganz eigenen Art und Weise, und erfährt so die für ihn anstehende Wandlung. »Pilgerhierarchien« sind vor diesem Hintergrund absurd. Jeder Weg verdient genau gleich viel Achtung. Aber gerade in der respektvollen Auseinandersetzung mit anderen und der Abgrenzung des eigenen Weges von den Wegen anderer wird deutlich, wie sich das ganz eigene So-Sein eines jeden in die Gemeinschaft einfügt, welchen Beitrag seine Existenz für ein größeres Ganzes leistet, was für ihn charakteristisch ist in der Spiegelung am anderen: »Alles kann man sich in der Einsamkeit aneignen, außer Charakter«, schreibt der französische Schriftsteller Henri Stendhal.

In der Pilgergemeinschaft erfahren Pilger, dass es letztlich wesentlich ist, einander aus der jeweils eigenen Individualität heraus zu unterstützen und zu begleiten. »Wir sind nun einmal zur Gemeinschaft geboren. Und unsere Gemeinschaft ähnelt einem Gewölbe, in dem die Steine einander am Fallen hindern«, so Seneca. Die bisherige Wandlung, die neue Nähe zu sich selbst, konturiert sich erst im Licht der anderen, wird so erst erkennbar und für andere fruchtbar. Im Bild der Straße beschreibt dies der katholische Theologe Dom Helder Pessoa Camara: »Wichtiger aber ist es, die Straße, und mit ihr uns alle – denn alle sind wir der Straße vergleichbar –, daran zu erinnern, dass es für sie und für uns darauf ankommt, als Weg zu dienen und anderen zu helfen, dass sie ihren Weg gehen können.«

Der Jakobsweg von Saint-Jean-Pied-de-Port nach Burgos führt über die Pyrenäen, durch die Hügel navarrischer Kornfelder und die Weinanbaugebiete der La Rioja. Monumente jahrhundertelanger Jakobuspilgerschaft begegnen den Pilgern in rascher Reihenfolge. Sie wurden für die zahlreichen Pilger errichtet, die auf dieser Strecke auch schon im Mittelalter den Hauptstrom Richtung Santiago bildeten. Hier waren nun all jene unterwegs, die den drei großen französischen Pilgerrouten gefolgt waren und zu denen nun auch noch die Pilger der großen vierten französischen Route aus Arles hinzutraten.

Pilger verlassen Saint-Jean durch das Santiago-Tor und treffen bald darauf auf den ersten mit gelber Farbe gemalten Pfeil, der den Weg nach Santiago anzeigt. Unzählige gelbe Pfeile werden ihnen noch bis zum Ende ihres Pilgerwegs die Richtung weisen. Steil steigen sie hinauf in die Pyrenäen, passieren eine Marienstatue und wandern weiter in der kargen, grünen, archaischen Berglandschaft, von der sie eine malerische Aussicht auf die Täler und das Pyrenäenvorland hinter sich haben. Wenn die Pilger den Cisa-Pass erreicht haben, liegen die spanische Grenze und ungefähr 1300 erklommene Höhenmeter seit Saint-Jean hinter ihnen. Steil gehen sie hinab durch Eichenwälder zum Augustinerkonvent Roncesvalles. Hier befindet sich die Stelle, an welcher der fränkische Held Roland sein Leben in der Nachhut Karls des Großen bei dessen Rückzug aus Spanien lassen musste. Der mächtige Bau beherbergt seit dem 12. Jahrhundert Jakobuspilger aus ganz Europa. Im Mittelalter wurden nach dem beschwerlichen Pyrenäenübergang nicht wenige Pilger hier wieder gesund gepflegt.

Stets den gelben Pfeilen folgend, durch das Pyrenäenhügelland, durch Waldgebiete und kleine Weiler hindurch überqueren die Pilger schließlich den Erro-Pass. Sie kommen an den mittelalterlichen Brücken über den Río Arga in Zubiri und Larrasoaña vorbei. Auf einem Höhenweg entlang des Flusstals erreichen sie schließlich über die alte Pilgerbrücke das Kloster Trinidad de Arre. Über eine weitere Pilgerbrücke und durch das Portal de Francia gehen sie hinauf in die Altstadt Pamplonas. Nachdem sie aus dem Dunkel der Kathedrale und der Iglesia San Cernin wieder ins südliche Licht getreten sind, liegt die Hügelkette mit der Passhöhe Puerte del Perdón vor ihnen. Über Feldwege steigen sie ungefähr 300 Höhenmeter empor, bevor sie die Fernsicht über die Ebene mit ihrem pastellfarbenen Flickenteppich aus Äckern und Wiesen überwältigt. Sie steigen hinab und gelangen über Dörfer und einfache Wege zur romanischen Totenkirche der Templer Santa María de Eunate, die einen außergewöhnlichen, achteckigen Grundriss aufweist. Einsam und verlassen steht sie auf weiter Flur. In ihrer Nähe vereinigt sich ihr navarrischer Weg mit dem hinzukommenden aragonischen Weg zum »Camino Francés«: Alle Pilger aus Frankreich gehen nun dieselbe Strecke bis nach Santiago. Die Pilger ziehen weiter nach Puenta la Reina und über die im Auftrag der Königin von Navarra für die Jakobuspilger gebaute Brücke aus dem 11. Jahrhundert. Nachdem sie so an das andere Ufer des Río Arga gelangt sind, steigen die Pilger einen lehmigen Abhang hinauf. Über rote, fruchtbare Felder, alte Brücken und an spätromanischen Dorfkirchen vorbei erreichen sie schließlich das schöne Estella, reich an romanischen Monumenten.

Einen Moment verweilen die Pilger hier im Schatten des romanischen Kreuzgangs von San Pedro de la Rua, bevor es sie weiterzieht zum Kloster Irache am Fuße des Montejurra, dann vorbei am mittelalterlichen »Maurenbrunnen« und auf endlos scheinenden Feldwegen zum Renaissanceturm der Iglesia Santa María von Los Arcos. Weiter über Felder gelangen sie zur anmutigen Einfachheit der Templerkirche Santo Sepolcro in Torres del Rio. Durch die Landschaft der La Rioja, geführt von gelben Pfeilen, nehmen die Pilger den Weg über die alte Bogenbrücke in die Altstadt von Logroño mit der Bischofskirche Santa María la Redonda, deren barocke Zwillingstürme alles überstrahlen. Sie verlassen die Altstadt durch das Stadttor Puerta del Camino, gehen entlang des Stausees Pantano de Grajera und auf Pistenwegen, durchqueren dann den alten Ortskern von Navarette, passieren das romanische Portal des ehemaligen Pilgerhospitals San Juan de Acre beim Friedhof und gelangen schließlich in den malerischen Kreuzgang des Klosters Santa

María la Real in Nájera, das vor roten Sandsteinfelsen gelegen ist.

Durch Weingärten erreichen sie den »schönsten Barockturm der La Rioja«, den Glockenturm von Santo Domingo de la Calzada. Der Ort am Río Oja geht zurück auf den heiligen Domingo, der hier im 11. Jahrhundert für die Jakobuspilger eine Herberge zum Schutz in den damals dichten Wäldern gründete und eine Brücke über den Oja baute. Im Inneren der ehemaligen Kathedrale Santo Domingo stehen die Pilger vor dem Grab des Heiligen und dem hölzernen gotischen Käfig mit zwei weißen Hühnern, die an das Hühnerwunder erinnern, das der Legende nach hier stattgefunden haben soll: Gebratene Hühner flogen im Mittelalter vom Tisch des Richters in Santo Domingo auf und zeigten so das Wunder an, welches der heilige Jakobus am Sohn eines deutschen Pilgerehepaars vollbracht hatte. Er hatte diesen am Galgen hängend gestützt, sodass der Sohn zur Überraschung seiner Eltern noch lebte, als diese bei ihrer Rückkehr von Santiago an seiner Richtstätte vorbeikamen. Unrechtmäßig war der Sohn verurteilt worden – eine lüsterne Wirtstochter war von ihm zurückgewiesen worden, hatte ihm einen Silberbecher im Gepäck versteckt und ihn daraufhin als Dieb beim Richter angezeigt.

Bis nach Villafranca Montes de Oca wandern die Pilger weiter durch endlose Felder, passieren Grañon, Redecilla und Belorado. Sie gehen hinauf in die Oca-Berge zur Passhöhe Puerto de la Pedraja auf 1150 Metern Höhe, und dann weiter auf Pistenstraßen, begleitet von duftenden Erika und Ginster, bis sie auf die einsame romanische Kirche von San Juan de Ortega stoßen. Der hier begrabene Heilige und Domingo-Schüler hatte den Ort als Zuflucht für die Jakobuspilger in der Wildnis ausersehen. Über Hügelketten gelangen die Pilger schließlich in die an Kirchen und alten Bauwerken reiche Stadt Burgos. Wenn sie im Innenraum der gotischen Kathedrale an eine Säule gelehnt die vielen anderen Pilger vor den zahlreichen Seitenkapellen vorbeigehen sehen, sind sie aus der bisherigen Einsamkeit ihres Weges auf die Pilgergemeinschaft aufgelaufen und haben sich in sie eingeordnet, ohne ihr inneres Anliegen zu verlieren.

Fassungslos lese ich 20-mal den gelben Schriftzug auf den blauen Hemden von 20 Brasilianern: »Santiago 2000«. Hoffentlich geht das nicht so weiter bis Santiago! Es war noch dunkel, als Christian und ich mitten in der Nacht starteten, vielleicht fünf Uhr, fünf Uhr dreißig. Durch das Tor von Saint-Jean und über die Brücke, der Fluss schickt von unten kühle feuchte Luft. Sonst Schwärze. Vor mir irgendwo die Berge. Als der Lichtkegel meiner Taschenlampe den ersten gelben Pfeil einfängt, schmunzle ich – die letzte große Etappe hat begonnen. Es waren mehr Pilger gestern Abend in der Herberge als in den Unterkünften vor Saint-Jean, wie viele, das war nicht zu erkennen. Wie die spanische Strecke wohl werden wird? Gelbe Pfeile, viel mehr Pilger, spanische Sprache, die Hitze? Schemenhaft lösen sich einzelne Hügelketten in abgestuftem Grau aus der Dunkelheit, als die Dämmerung anbricht. Der Weg zieht steil an. An einem Aussichtspunkt der Blick zurück. Pastellfarben geht die Sonne auf: Einige Hundert Höhenmeter unter mir das gewellte Baskenland – wie gestern liegt Frühnebel in den Tälern, darüber schräg die ersten, warmen Sonnenstrahlen. Verwunschene Abschiedsstimmung. Jetzt, da die Sonne am Himmel steht und die grüne archaische Landschaft der Pyrenäen sich aus der Dämmerung geschält hat, ist das Gehen einfacher. Stetig steigt der Weg. Klar und kühl ist die Morgenluft. Um mich herum nur Bergpanorama in Grün vor blauem Himmel. Kein Mensch zu sehen. Auch der Anstieg bisher ist völlig undramatisch. Irgendwann überquere ich die spanische Grenze. Eichenwälder abwärts. Plötzlich vor mir das Kloster Roncesvalles. »Solo Peregrinos, Only Pilgrims«, steht auf einem Schild an einer braunen Tür. Später Vormittag, 11:30 Uhr. Wir sind nur vier – so viele Pilger werden es schon nicht werden. Mein Wunschdenken hält gerade einmal ein paar Stunden. Dann brechen sie über die einsame Klosteranlage herein wie eine Springflut. Gegen Abend sind aus vier ungefähr 120 Pilger geworden. Davon 20 Brasilianer. Sie scheinen sich alle auf den esoterischen Pfaden Paolo Coelhos zu befinden. Ob sie wohl auch seine Antwort aus einem Interview kennen: »Wenn man sich entscheidet, eine Pilgerreise zu machen, dann ist das gut. Wenn man aber versucht, meine Pilgerreise zu machen, dann verschwendet man seine Zeit.« Da ist sie dahin, meine Gelassenheit der letzten Wochen. Die Menge und der hektische Lärm, die nervöse Aufbruchstimmung der vielen anderen nach Wochen der Einsamkeit und Ruhe gehen mir auf den Geist. »Sieht wohl so aus, als ob ich noch nicht ganz zur Erleuchtung gelangt bin …« Hoffentlich geht das nicht so weiter bis Santiago!

Santa María de Eunate: Im Abenddämmerlicht ist die Totenkirche der Templer nur schemenhaft zu erkennen, die Atmosphäre ist gespenstisch. Weiter nach Puente la Reina: Das Refugio ist übervoll, die Nacht verbringe ich im obersten

Stock eines dreistöckigen Bettes. Draußen schlagen Regenschauer an die Fensterscheiben, drinnen schnarchen laut die Schläfer. Im Morgendämmerlicht über die 900 Jahre alte Pilgerbrücke, der Klang meiner Schritte auf dem Pflaster mischt sich in meinem Empfinden mit Tausenden von Pilgerschritten vor mir. Die spanische Strecke ist anders. Es ist nicht einmal die Sprache – die paar Brocken Jakobswegs-Spanisch für Unterkunft und Nahrung sind schnell gelernt. Die »Hola's« und »Me llamo's« ebenfalls. Der Rest geht erstaunlich gut mit Händen und Füßen. Nein, es sind die Heerscharen von Pilgern. Der Gegensatz zur Einsamkeit in Frankreich ist wie ein Sprung in einen eiskalten Pyrenäen-Gebirgsbach. Schon in Frankreich gewohnt, früh aufzustehen, bin ich froh, dass ich noch in der Dunkelheit der Begegnung mit den vielen Menschen entkomme.

»¡Hola! ¡Párate!« – »Hallo! Bleib stehen!« Ein älterer Mann sitzt im Schatten einiger Bäume kurz vor Los Arcos. Spätnachmittag, die Sonne drückt heiß von oben. Seit Kilometern nur Feldwege und Felder. Eine Dusche und eine Cerveza kämen mir jetzt recht. Der Mann winkt mich zu sich. »¡Aquel que tenga un bastón tan bello, necesitara de una calabaza!« – »Wer so einen schönen Stock hat, der braucht auch eine Kalebasse!« Ich schaue mit Zuneigung zu meinem Pilgerstock auf, der mich jetzt schon so viele Kilometer begleitet, während der alte Mann in einen alten Rucksack greift, eine Kalebasse, einen ausgetrockneten Flaschenkürbis, hervorholt und sie am oberen Ende meines Haselsteckens befestigt. Er strahlt über das ganze Gesicht und ruft mir zum Abschied nach: »¡Buen viaje!« – »Gute Reise!«

Die Methode scheint zu funktionieren: Ganz kleine Herbergen direkt hinter größeren Stationen. In Azofra sind wir nur zu zwölft, welche Erholung! Das schmucke Refugio lehnt sich an die Kirche an, hat nur ein paar Betten und eine Küche mit einer langen Tafel, an der wir in vergnügter und beinahe schon intimer Runde gemeinsam zu Abend essen. Das war gestern anders. Im Refugio in Logroño waren es wieder an die hundert Pilger. Aggressiv aufgeladene Atmosphäre bei der Verteilung der Schlafmöglichkeiten. Selbstverteidigungsstimmung auf dem Pilgerweg. In der Kapelle von Sensacq in Frankreich stand doch auf einer Notiz: »Der Jakobsweg ist der Weg, auf dem es keinen Ersten und keinen Letzten gibt.«

Hier in Azofra geht es anders zu als in Logroño. Fröhliche Gespräche an einer langen Tafel. Jeder trägt etwas zum Essen bei, Weinflaschen stehen auf dem Tisch, zwei Franzosen haben einen Apéritif gemixt. Christian und ich kochen. Ich stelle eine dampfende Schüssel »Knoblauchspaghetti al Azofra« mitten auf den Tisch: Der Duft von Knoblauch, Olivenöl, angebratenen Chorizo-Stückchen und händeweise Petersilie zieht durch den Raum. Alle essen lustvoll: Plötzlich wird es ganz still im Raum.

Meine Beine brennen. Im Gesicht die frische Abendluft von Villafranca Montes de Oca auf fast 1000 Metern über dem Meeresspiegel. In meinem Schlafsack liegend beobachte ich durch den dreieckigen Ausschnitt der zurückgeschlagenen grünen Zeltplane, wie die letzten Sonnenstrahlen sich vom Kirchturm zurückziehen. 51 Kilometer in den Oberschenkeln. In Azofra sind wir in tiefer Nacht aufgebrochen und verirrten uns auch sogleich. Mithilfe der Sterne über uns fanden wir dann die Richtung: Schotterpisten und abgeerntete Felder bis Santo Domingo de la Calzada. Weiße Hühner in der Kathedrale – besonders bizarr empfand ich die Kerben am hochhängenden Holzkäfig: Sie stammen von Pilgerstöcken früherer Zeiten und dem Versuch, eine weiße Feder zum Fallen zu bewegen, sie galt als außerordentlicher Glücksbringer auf dem Jakobsweg. Ein »¿Quién tiene la llave?« – »Wer hat den Schlüssel?« öffnet die Kirchentür und den beeindruckenden Blick auf das schöne romanische Taufbecken in Redecilla del Camino. Knoblauchsuppe und Tortilla am Rande der Nationalstraße. Belorado zu, es wird immer heißer. Hohes Tempo. Unter meinem breitkrempigen Pilgerhut rinnt mir der Schweiß über die Stirn und salzig brennend in die Augen. Eine Dusche, bitte eine kalte Dusche! Aber nein: Nach und nach treffen meine Begleiter in Belorado ein. Fast 40 Kilometer liegen hinter uns. Der freundliche Hospitalero erklärt uns – nachmittags um zwei Uhr –, dass die Herberge in Belorado schon voll sei, alle Schlafplätze auf dem Herbergsboden auch schon vergeben seien und wir die Nummern 20, 21 und 22 derjenigen zugewiesen bekämen, die nachher auf die verschiedenen Straßenecken verteilt würden. Ein kurzer Blick in die Runde, ein weiterer Blick in den Pilgerführer, die Rucksäcke geschultert und voran! Im zwölf Kilometer entfernten Villafranca soll es ein großes Zeltlager geben. Zwölf Kilometer sind eben zwölf Kilometer. Bei fast 40 Grad im Schatten ohne Schatten. Das war ein Tag. Meine Beine brennen. Der Kirchturm ist nun nur noch als Schattenriss zu erkennen und verschmilzt schließlich ganz mit der Dunkelheit. Ich schließe die Augen.

»Qu'est-ce qu'il y a dans ton petit livre?« – »Was steht eigentlich in deinem kleinen Büchlein drin?«, frage ich René in einem gemütlichen Lokal in Burgos und lüfte damit endlich sein Geheimnis bei einer äußerst wohlschmeckenden Portion Morcilla – Blutwurst ist die kulinarische Spezialität der Stadt. Der französische Mönch René hatte Hans, Joan, Christian und mich in dieses kleine Restaurant mitgenommen. In den letzten Tagen war er abends nach einem aufmerksamen Blick in sein handgeschriebenes kleines Büchlein immer ins Unbestimmte verschwunden. »Es ist so«, erklärt er mir mit verschmitztem Blick, »unter uns Mönchen geben wir die Adressen der Restaurants weiter, in denen man auf dem Jakobsweg das beste Essen bekommt ...«

Leerlaufen

Von Burgos nach León

»Der Weg durch die Wüste ist kein Umweg. Wer nicht das Leere erlitt, bändigt auch nicht die Fülle; wer nie die Straße verlor, würdigt den Wegweiser nicht.«

Friedrich Schwanek

Wenn die Pilgerschaft ganz und gar Routine wird, erfahren Pilger ihre eigene innere Leere am intensivsten: Die bewegte Wandlung und der spannungsreiche Eintritt in die Pilgergemeinschaft liegen hinter ihnen, die Vorfreude der Ankunft ist noch viele Kilometer entfernt. Bisher auf ihrem Weg emotional aufgewühlt, ist ihre Gefühlswelt nun unbewegt wie die weite Oberfläche des Meeres bei Windstille. Ruhe nach dem Sturm. Monotonie. Alltag. Kilometer um Kilometer. Diese neuartige Erfahrung der Leere ist besonders intensiv: Schufen vorherige Momente innerer Leere Raum für den Kontakt zum eigenen Wesenskern, ist die nunmehr anhaltende Leere ohne neuen Inhalt. Leere Leere.

Sie zu ertragen, anzunehmen und zu gestalten, ist besondere Aufgabe für Pilger: Die Gefährdung des eigenen Weges liegt nicht mehr darin, sich dem Weg der Gemeinschaft auszuliefern. Sie liegt nun darin, sich der Leere, der Routine hinzugeben; täglich teilnahmslos einen Kilometer nach dem anderen abzuspulen; sich selbst in der Weite des Weges zu verlieren, den Kontakt zur eigenen Mitte abreißen zu lassen. Das tiefe Gespür für sich selbst verliert sich so leicht, wie sich ein einsamer Pilgerweg in einer weiten baumlosen Ebene verliert. Es erfordert hohe Aufmerksamkeit, in der Monotonie der Pilgerroutine dennoch bei sich zu bleiben, das eigene spirituelle Anliegen und das instinktive Gefühl für den eigenen Weg durch die Alltagswüste nicht einzubüßen. Wüstenzeit.

Die Wüste war schon immer zweigesichtig: Ort der Einsamkeit, Ort der Stille, Ort der Kontemplation, Ort göttlicher Offenbarung. Aber auch: Ort der Dämonen, Ort der Versuchung. Letztlich ist die Wüste ein Ort der Prüfung und der Reinigung. Verlassenheit und Auf-sich-selbst-gestellt-Sein werden in der Wüste besonders spürbar. Wenn dauerhaft äußere Reize fehlen, bleibt die Konfrontation mit der eigenen Leere, dem inneren Nichts nicht aus. Die äußere Monotonie, die äußere Routine, das Immer-Gleiche ist die Prüfung, in der sich die innere Wandlung beweist: Pilger werden nach innen zur eigenen blanken Leere geführt. Sie werden auf sich selbst reduziert. Radikal – zu ihren Wurzeln. Wenn sie sich an nichts mehr festhalten können als am Kontakt zur eigenen Mitte, stabilisieren sich Pilger in ihrem So-Sein, gerade weil sie in der Gefahr sind, sich zu verlieren: Die Leere reinigt von allem Äußeren und führt zu einer größeren Selbsterkenntnis. In das Vakuum dringen innere Schattensciten des Selbst, um die innere Leere zu füllen und vom Leere-Empfinden abzulenken. Sie greifen sich Raum, werden plötzlich offenbar. Pilger stehen unvermittelt vor der

Aufgabe, diese in Demut anzunehmen und zu integrieren. In der Begegnung mit den eigenen Dämonen stürzt das übersteigerte Eigenbild gewandelter Pilger: Der instinktive Kontakt zu sich selbst beinhaltet auch die Nähe zu eigenen dunklen Seelenfeldern. Es verlangt viel, dennoch bei sich zu bleiben, weiterhin die Aufmerksamkeit auf den eigenen Weg zu richten. »Die Wüstenväter lehren uns eine Spiritualität von unten. Sie zeigen, dass wir bei uns und unseren Leidenschaften anfangen müssen«, schreibt Pater Anselm Grün. Weil sie Menschen sind, gehört zu Pilgern trotz aller bisherigen Wandlung auch ihr Schatten. Dieser Erkenntnis können sie nicht ausweichen, sie müssen ein neues Verhältnis, eine neue Einstellung zu sich selbst gewinnen. In den Wüstenmomenten wird das Wort des Psychiaters Viktor E. Frankl deutlich: »Wenn wir eine Situation nicht ändern können, müssen wir uns selbst ändern.«

Die Leere des Alltags führt jedoch nicht nur zur Konfrontation mit den Schattenseiten der Pilgerseele. Durch die Aufmerksamkeit auf die täglichen Verrichtungen bindet sie die Pilger auch wieder zurück an die materielle Welt. Jene Welt, die sie mit ihren Sinnen erfahren können und in der sie leben. Wie weit sie spirituelle Meditationen auch geführt haben mögen – aus dieser Welt sind sie aufgebrochen, und in diese müssen sie wieder zurückkehren, oder sie geraten in Gefahr, sich im Prozess einer ins Leere laufenden Wandlung zu verlieren.

Wüstenlandschaften, Landschaften unendlicher Weite unterstützen diese Erfahrung des Auf-sich-reduziert-Seins in einer besonderen Weise. Der galizische Schriftsteller Leopold von Sacher-Masoch schreibt angesichts der galizischen Ebene: »Diese Ebene ohne Grenzen macht auf den Menschen denselben Eindruck wie das Meer. Der Mensch hat auch hier das Gefühl der Unendlichkeit, das er nicht fassen kann und vor der er sich scheu in sich selbst zurückzieht.« Oder wie Cees Nooteboom über die wüstengleiche Ebene der Meseta bemerkt: »Ich wurde einmal gefragt, weshalb ich die Landschaft der Meseta so schön fände. Weil mir so schnell keine Antwort einfiel, sagte ich, weil ich glaube, dass es in mir ebenso aussieht.«

Der Jakobsweg von Burgos nach León steht im Zeichen der Meseta, der spanischen Hochebene: Wüstenhafte Weite, so weit das Auge reicht. Kein Baum, kein Strauch, kein Schatten, kein Wasser. Im Sommer brütende Hitze. Nur dann und wann ein kleines Dorf, das man ohne seine hoch aufragende Kirche leicht übersehen könnte. Häufig tragen die Dörfer im Namen den Pilgerweg – den Camino – und sind entstanden durch die Pilgerschaft nach Santiago: Links und rechts entlang des Jakobswegs wurden wenige Häuser gebaut. Der Pilgerpfad durchschneidet schnurgerade das Dorf, oftmals als einzige Straße, als sogenannte »Sirga peregrinal«.

Die Pilger verlassen das verwinkelte Innere der Kathedrale in Burgos und folgen über Pistenstraßen den gelben Pfeilen bis nach Rabé de las Calzadas. Sie waschen sich am Brunnen auf dem Marktplatz den Schweiß vom Gesicht, durchqueren den Ort und befinden sich nach wenigen Kilometern auf der Hochebene der Meseta. Vorbei an der mächtigen Kirche von Hornillos del Camino, vorbei an den von Bauern in die Hänge gegrabenen Bodegas, vorbei an der in absoluter Einsamkeit liegenden Pilgerherberge San Bol ziehen sie weiter über die endlosen Weiten der spanischen Hochebene. Plötzlich taucht die Spitze eines Kirchturms aus der sonst wie mit dem Lineal gezogenen Horizontlinie auf. Steil gehen sie hinunter nach Hontanas, queren den Ort und steigen wieder auf die Hochfläche hinauf. Auf einfachen Pfaden gelangen sie schließlich zu den Ruinen des ehemaligen Antoniterklosters San Antón, ihr Weg führt sie direkt unter dem großen gotischen Bogen mitten durch die Nordvorhalle der Klosterruine hindurch. Nach wenigen Kilometern erreichen sie den Ort mit dem für Nicht-Spanier fast unaussprechlichen Namen Castrojeriz – schon Hermannus Künig von Vach vereinfachte ihn vor Jahrhunderten in seinem Pilgerführer zu »Castel Fritz«.

Aus den Kirchen Santa María del Manzano und San Juan treten die Pilger wieder in das eindringliche Licht des Südens, steigen auf die Hochebene und wandern dann über Feld- und Pistenwege weiter durch die graugelb gefleckte Leere der Meseta bis zur restaurierten Ruine des Zisterzienserhospizes Ermita de San Nicolas. Sie überqueren auf der mittelalterlichen Brücke den Río Pisuerga, gehen lange auf Pistenstraßen, passieren das Dorf Itero de la Vega und gelangen sodann nach Boadilla del Camino zu dem mit Jakobsmuscheln reich verzierten gotischen Pranger vor der Kirche Santa María. Weiter pilgern sie durch die Tierra de Campos, die vollkommen flache und eintönige Landschaft in der Meseta, bis sie den großen kastilischen Kanal kurz vor Frómista überqueren. Die Iglesia San Martin in Frómista aus dem 11. Jahrhundert gilt als Vorzeigekirche früher spanischer Romanik. Klare Formen, perfekte Proportionen, reich verzierte Bildhauerarbeiten außerhalb und innerhalb der Kirche. Wenn sie geöffnet ist, verweilen Pilger einen

Moment in ihr, geschützt vor der Hitze und der sengenden Sonne.

Dann zieht es sie weiter durch die Ebene auf den eigens für Pilger angelegten Kieswegen bis nach Villalcázar de Sirga mit seiner überdimensionalen gotischen Kirche Santa María la Blanca, die inmitten weniger Häuser mächtig emporragt. Sie treten aus dem kühlen Inneren durch die große figurengeschmückte Vorhalle wieder ins gleißende Licht der Meseta, wandern weiter auf den Kieswegen bis nach Carríon de los Condes. Sie durchqueren den Ort, vorbei an den romanischen Kirchen Santa María del Camino und Santiago. Es sollen die einzigen Erhebungen für viele Kilometer bleiben. Bis nach Calzadilla de la Cueza wandern sie in grenzenlosem Raum, ohne erfassen zu können, wie schnell und ob sie sich überhaupt vorwärtsbewegen.

Weiter führt der Weg durch die Leere bis nach Sahagún mit seiner im Mudéjar-Stil aus Backsteinen erbauten Kirche San Lorenzo. Die Pilger überqueren den Río Cea und wandern durch nicht enden wollende Weiten, entweder auf dem für Pilger angelegten Weg über El Burgo Ranero und Reliegos nach Mansilla de las Mulas – auf einer Teilstrecke wurden sogar Platanen in regelmäßigen Abständen gepflanzt, die Schatten spenden sollen –, oder sie gelangen nach Mansilla auf der in absoluter Einsamkeit gelegenen Römerstraße über Calzadilla de los Hermanillos, vor ihnen nur den Himmel.

In beiden Fällen betreten sie die Altstadt von Mansilla durch den Stadtbogen Santa María. Auf der mittelalterlichen Brücke überqueren sie sodann den Río Esla, gehen weiter durch die Hügel bis nach León, eine an historischen Bauten überreiche Stadt. Die Pilger gelangen vor das Kloster San

Marcos, ehemals Ordenshaus der Santiagoritter und Pilgerhospiz. Sie atmen die Atmosphäre früher Romanik in der Real Basílica San Isidoro mit ihren Deckenfresken. Wenn sie jedoch die in französischer Gotik erbaute Kathedrale Santa María la Regla betreten, durchflutet sie das Licht der Bischofskirche, die nur aus farbigen Fensterflächen zu bestehen scheint. Es erfüllt sie und rührt in ihrer inneren Leere an die Schatten, denen sie auf der Meseta begegnet sind.

»Castrojeriz!« Joan spricht es mir noch einmal vor: »Cas-tro-je-riz!« Meine Zunge hat bereits einen Knoten: Die Kombination aus rollendem »r«, dem gehauchten Gaumenlaut »j« und dem zischenden »z« vorne an den Schneidezähnen kriegt sie einfach nicht hin. Wir sitzen bei einem Bier um den Tisch vor einem Mesón im Ort mit dem unaussprechlichen Namen. Joan, der junge grauhaarige Katalane, strahlt Sensibilität und Stolz zugleich aus; in Estella waren wir uns das erste Mal begegnet. Dazu Christian, mein französischer Begleiter, und Hans aus Marktredwitz. Dieser begleitet uns seit Puente la Reina, mit seinen 63 Jahren läuft er ausdauernd ein erstaunlich hohes Tempo. In seinen Augen liegt die Ruhe, Güte und Sicherheit eines an seelischen Werten orientierten Lebenswegs. Aus Burgos sind wir in der Nacht aufgebrochen, bis uns goldgelb die Sonne in Rabé de las Calzadas eingeholt hat: Von der Brunnenoberfläche reflektierte das Licht in unsere Gesichter. Wie immer ging jeder seinen eigenen Weg, sobald das Tageslicht es gestattete. »Cas-tro-je-riz!«

Auf der kargen Hochebene fühle ich mich plötzlich ganz klein: In einer Welt, die nur aus einem gleichmäßig blauen

Himmel, einem schnurgeraden Weg und einem noch geraderen Horizont besteht, zählt nichts. Ich bin durch halb Europa gelaufen. Bedeutungslos. Dazu die Sonne: wahlweise heiß, sengend heiß oder glutheiß.

Im Gehen in dieser Leere sind irgendwann alle Verrichtungen möglich: den Rucksack aus- und einräumen, trinken, essen, lesen. Als ich vorhin aus dem Refugio von Villalcázar de Sirga in die Abendluft trat, fühlte ich mich fast nackt ohne meine Pilgerutensilien. Pilgerstab und Rucksack sind Körperteile von mir geworden: Ohne sie gehe ich unsicher schwankend wie ein Seemann an Land.

Gott sei Dank muss ich mir das nicht am Tag anschauen! In Villalcázar de Sirga sind wir um fünf Uhr aufgebrochen. Schon seit Frómista laufe ich nun auf der für Pilger angelegten Straße. Beschottert. Bescheuert. Bescheiden. Der weiße Schotterbelag kommt in seiner Unfreundlichkeit nur ganz knapp hinter Asphalt, dem schlimmsten aller Untergründe für die Füße. Immer wieder Begrenzungspfähle aus Beton in der Mitte der Kiesstraße, um Fahrzeuge von der »Pilgerautobahn« fernzuhalten. An einigen wenigen klebt noch die Keramikmuschel, die dem ansonsten so nüchternen Wegprojekt wohl etwas Wärme verleihen soll. Die Pilger laufen nun zwar nicht mehr wie zuvor auf der von Autos befahrenen Asphaltstraße, aber die Monotonie ist durch die Künstlichkeit noch größer geworden. Es ist immer noch dunkel, als wir in Carrión de los Condes eintreffen, wenigstens ist uns der Anblick eines Teils des angelegten Weges erspart geblieben. Ab hier geht jeder allein. Der Tag wird einer der härtesten, die ich bisher auf dem Jakobsweg erlebt habe: Meseta pur.

Leere________________________________Leere

WW
WggW
WeggeW
WeeggeeW
WeeeggeeeW
WeeeeggeeeeW
WeeeeeggeeeeeW
WeeeeeeggeeeeeeW
WeeeeeeeggeeeeeeeW
WeeeeeeeeggeeeeeeeeW

Hinter Carrión laufe ich mit dem Lineal gezogene 17 Kilometer durch die öde Landschaft. Nichts, woran sich mein Auge festhalten könnte, nichts, was sich bewegt, obwohl ich mich doch bewege. Oder bewege ich mich nicht? Irgendwann ein Kaffee, eine Tortilla in Calzadilla. Und weitere 22 Kilometer geradeaus durch das Nichts. Aus dem Nichts wird ein heißes Nichts, die Sonne glüht wie ein Grill vom sonst bewegungslosen blauen Himmel, der Rest bleibt gleich. Das Einzige, was ich noch zur Orientierung habe, ist der Rhythmus meiner Schritte, mein Atem, mein Pulsschlag. Mein Körper heizt sich auf, die Lufttemperatur steigt und steigt. Meine Wasserflasche ist leer. Sahagún will und will nicht kommen. Irgendwann ist alles egal. Das Einzige, was zählt, ist der nächste Schritt.

Abends in Sahagún läuft plötzlich Stephanie in das Refugio ein, eine Amerikanerin, der ich seit Roncesvalles punktweise auf dem Weg begegne. Tränen laufen ihr über das Gesicht. Sie geht seit geraumer Zeit mit einer Sehnenscheidenentzündung im rechten Bein. Mir ist unerklärlich, wie sie die Schmerzen aushält, noch dazu in der Meseta.

Die Tür ist zu! Fünf Uhr im Refugio in Sahagún, das in einer alten Kirche untergebracht ist. Früh bin ich aufgestanden, habe mich an den noch tief schlafenden anderen Pilgern vorbeigeschlichen, meinen am Vorabend gepackten Rucksack in der einen und meinen Schlafsack in der anderen Hand. Im Küchenbereich verständigen Christian, Hans und ich uns mit Handzeichen, während wir einen Tee machen und die Schlafsäcke lautlos verstauen. Die Vorfreude auf die kühle Morgenluft steht den anderen beiden ins Gesicht geschrieben, mir wahrscheinlich auch. Leise die Treppe hinunter und – die Tür ist zu! Abgeschlossen! Wir warten in meditativer Dunkelheit, bis sich um Viertel vor sieben die Tür von außen öffnet: Zwei Pilger hatten die Nacht durchgefeiert und den Schlüssel mitgenommen. Jedem seinen Pilgerweg.

Nach Sahagún wird es noch schlimmer: Zusätzlich zum künstlichen Schotterweg wurden in einem weiteren Projekt europäische Fördergelder dazu benutzt, im regelmäßigen Abstand von ungefähr neun Metern Platanen zu pflanzen. Wahrscheinlich sollen sie in ferner Zukunft einmal Schatten spenden. Im Augenblick sorgen sie wegen ihrer mäßig belaubten Baumkronen für ein monotones Erlebnis der besonderen Art. Der absolut regelmäßige Rhythmus – Baum, neun Schritte, Baum, neun Schritte, Baum, neun Schritte, Baum, neun Schritte, Baum, neun Schritte, Baum, neun Schritte, Baum – kann einen in den Wahnsinn treiben.

In Mansilla ist René erneut aufgetaucht, er scheint nicht alles zu Fuß zu gehen. Ich freue mich, ihn wiederzusehen: Er strahlt eine herzliche Wärme aus. Irgendwo soll es Kutteln geben. Wohl dem, der einen Mönch mit kulinarischen Geheimtipps hat. Folget dem Mann mit dem Büchlein!

»Oculi mei«. Durch die Glasscheiben der Kathedrale in León fällt Licht. Farbreflexe in meinen Augen. Ich weiß nun, warum in den Büchern über den Jakobsweg steht, dass, wer die Meseta zu Fuß durchquert hat, sich gewandelt hat, sich nähergekommen ist. Diese Kathedrale ist eine Erlösung. »Oculi mei«.

Hinlaufen

Von León nach Santiago

»Am Ziel deiner Wünsche wirst du jedenfalls eines vermissen: dein Wandern zum Ziel.«

Marie Freifrau von Ebner-Eschenbach

Jeder Pilgerweg hat ein Ziel und jeder Pilgerweg geht einmal zu Ende. Je näher man als Pilger dem Endpunkt seiner Pilgerschaft kommt, desto mehr ergreift einen die »Melancholie der Erfüllung«, wie sie der Philosoph Ernst Bloch bezeichnet hat. Für Pilger hat ihr Näherkommen zum Ziel zwei Gesichter:

Das eine Gesicht sieht vorwärts auf das Ziel, sehnt sich den Abschluss, die Ankunft herbei. Nach Hunderten von Kilometern, nach Hunderttausenden von Schritten, nach den tief greifenden inneren und äußeren Veränderungen auf dem Weg, nach der Erfüllung ihres Werde-Gangs, in der Routine des Pilgeralltags wollen Pilger früher oder später nur noch eines: ankommen. Endlich können sie den Weg beenden, endlich werden die seelischen und körperlichen Mühen des Pilgerns vorbei sein. Sie sehen hinter dem Ziel bereits schemenhaft wieder ihren modernen Alltag aufscheinen. Mit einer Frage aus diesem Alltag sind sie aufgebrochen, und diese Frage hat sich in ihnen gelöst. In ihnen ist der Ruf des Weges zur Ruhe gekommen, denn fern des Alltags haben sie erfahren, was in ihnen an Wandlung notwendig war. Ihnen wird, je mehr sie auf das Ende zugehen, bewusst, was einst auf einem Notizzettel in der Pilgerherberge von Sahagún stand: »Auch wenn du noch so weite Wege gehst, du kehrst in deinen Alltag zurück.« Die Ankunft am Ziel wird den Endpunkt ihrer Wandlung und die Rückkehr in den Alltag markieren.

Das andere Gesicht jedoch sieht rückwärts, sieht den Weg und trotz aller Routine die Schönheit und Einfachheit der Pilgerschaft. Die Nähe zur Natur, die integrierende Gemeinschaft der Sinnsuchenden, der unmittelbare Kontakt zu sich selbst. Aus den Tiefen der Seele erhebt sich leise zweifelnd die Frage, wie nach dieser langen Auszeit wohl die Rückkehr in den modernen Alltag, in die Leistungs- und Konsumgesellschaft sein wird. Wie und ob es möglich sein wird, sich neu in ihr zu orientieren. Alles andere wollen Pilger, nur nicht ankommen, nur den Weg und damit die neu gewonnene intensive Nähe zu sich selbst nicht beenden müssen. Sie fühlen schmerzlich voraus, dass sie am Zielpunkt den Pilgerweg, ihren Pfad der Sehnsucht, werden verlassen müssen. Antoine de Saint-Exupéry schreibt: »Es kommt darauf an, dass du auf etwas zugehst, nicht, dass du ankommst.« Ihr Pilgerweg wird zu Ende sein. Die Ankunft am Ziel wird den Endpunkt ihrer Wandlung und die Rückkehr in den Alltag markieren.

Hin- und hergerissen zwischen diesen Gefühlen, die ihn sowohl beschleunigen als auch verlangsamen wollen, ist es die Aufgabe von Pilgern, aus ihrem Wesenskern heraus in der ihnen gemäßen Geschwindigkeit weiterzugehen, aufmerksam für das eigene Tempo zu bleiben: Eilen sie auf das Ziel zu, verlieren sie in der Hast ihre Mitte. Bleiben sie stehen oder verzögern sie ihre Ankunft willentlich, verlieren sie diese in der Erstarrung ebenfalls. Bleiben sie jedoch achtsam bei sich und auf dem Weg, gehen sie weiterhin jeden Kilometer im Hier und Jetzt. Ungeachtet, wie viele noch vor ihnen liegen. Gleichzeitig reift in ihnen wie von selbst die Bereitschaft, den Pilgerweg zu beenden und in der »normalen Welt« einen weiteren Weg zu beginnen. Wenn Jakobuspilger ihren letzten Schritt über die Schwelle der Kathedrale in Santiago de Compostela setzen, verlassen sie die Gegenwelt der Pilgerschaft und treten wieder ein in den modernen Alltag.

Der letzte Schritt ist daher schwer und leicht zugleich. Ohne den allerersten Schritt und alle folgenden hätten Pilger diesen nicht machen können. In ihm sind wahrhaft alle vorherigen Schritte enthalten, alle Erfahrungen und Wandlungen des Weges. Im letzten Schritt ist alles: Ihr Aufbruch – und damit der Wechsel in ihrer Art, sich zu bewegen und sowohl ihre Außenwelt als auch ihre Innenwelt anders wahrzunehmen. Ihre Wandlung – und durch sie die Konfrontation mit der sie tief bewegenden Frage. Ihre Erkenntnis, dass Innen und Außen eins sind. Der Kontakt zu ihren ureigenen Gefühlen, ihrem ureigenen Weg im Gefühl des Eins-Seins. Ihre Stabilisierung – und damit ihre Einordnung als Neugewordene in die Gemeinschaft. Die Begegnung mit ihren dunklen Seiten. Ihre innere Bereitschaft, diesen Weg zu beenden und einen neuen zu beginnen. Wenn Pilger ihren letzten Schritt als Pilger machen, liegt in ihm der Reichtum eines langen Weges: Sie sind aufgebrochen. Sie sind in sich gegangen. Sie sind zu sich gekommen.

Der Jakobsweg von León nach Santiago de Compostela ist gekennzeichnet von zwei hohen Bergpässen, die Pilger überwinden müssen, um an ihr Ziel zu gelangen: Nach der Durchquerung der kargen Margatería steigt der Weg steil an zum Rabanal-Pass und genauso steil wieder hinunter in das grüne Bierzo, bevor er abermals zum O Cebreiro-Pass hinaufführt. Von hier aus verläuft der Weg in der noch grüneren Hügellandschaft Galiciens, immer auf das Ziel zu: das Grab des heiligen Apostels Jakobus in Santiago de Compostela.

Pilger verlassen das leuchtende Innere der Kathedrale in León und lassen sich aus der Stadt leiten von den im Fußboden eingelassenen Jakobsmuscheln aus Messing hin zum ehemaligen Pilgerhospiz San Marcos. Über eine alte Bogenbrücke und am Río Bernesga entlang, weiter über Feldwege und dem gelben Pfeil durch Dörfer folgend, erreichen sie schließlich die gewaltige Steinbrücke über den Río Órbigo aus dem 13. Jahrhundert. Über die 20 Bogen der Brücke gehen sie auf die Häuserzeilen von Hospital de Órbigo zu, einer ehemaligen Johanniter-Komturei. Erst ab hier löst sich die Monotonie der Meseta auf, und der mittelalterliche Pilgerweg wird wieder spürbar. Immer geradeaus auf Feldwegen und durch kleine Wälder gelangen die Pilger zum großen Wegkreuz vor Astorga, von wo aus sie die Stadt auf einer Anhöhe erblicken. Astorga war im Mittelalter eine wichtige Station auf dem Jakobsweg: Hier vereinigten sich der »Camino Francés« und die »Via de la Plata«, der vom südlichen Sevilla kommende Jakobsweg. Moderne Pilger gehen am von Antonio Gaudí gestalteten neogotischen Bischofspalast und der Kathedrale vorbei und dringen ein in die hügelige Landschaft der Margatería, den Gebirgszug der Montes de León immer vor Augen.

Durch die karge Landschaft, eventuell mit einem Abstecher nach Castrillo de los Polvozares, dem unter Denkmalschutz stehenden malerischen Dorf der hier im Mittelalter ansässigen Fuhrleute, wandern sie wieder auf angelegten Schotterwegen auf die Passhöhe zu. Sie durchqueren El Ganso und folgen erneut dem Schotterweg bis nach Rabanal del Camino. Am Ortseingang passieren sie die Ermita del Santísimo Cristo und dann die gedrungene Ermita San José. Sie steigen weiter steil auf, durchqueren den verlassenen Ort Foncébadon – früher eine wichtige Pass-Station und Hospiz auf dem Jakobsweg –, steigen noch höher bis zum Cruz de Ferro. In 1.504 Metern über dem Meer ragt ein Eisenkreuz, befestigt an einem fünf Meter hohen Eichenstamm, aus einem Steinhügel. Hier legen die Pilger einer uralten Tradition folgend einen Stein ab, den sie aus ihrer Heimat mitgebracht haben, und mit diesem ihre Sorgen, ihre Nöte und ihre Ängste, die sie auf den Weg geführt haben.

Die Pilger wandern in großer Höhe an verlassenen Häusern vorbei, genießen das Bergpanorama der Montes de León, überqueren den Rabanal-Pass, steigen steil ab nach El Acebo und weiter hinunter nach Molinaseca, das sie über die alte Pilgerbrücke betreten, welche den Río Meruelo überspannt. Auf Feldwegen gehen sie weiter nach Ponferrada, bis vor die von den Templern im 12./13. Jahrhundert zum Schutz des Jakobswegs errichtete mächtige Burg. Nach kurzem Verweilen in der Basilika Nuestra Señora de la Encina überqueren sie den Río Sil und gelangen über Pisten- und Feldwege nach Cacabelos. Durch die Altstadt und über die Brücke, weiter, immer weiter durch die Weinberge führt sie schließlich ein langer Pistenweg nach Villafranca del Bierzo in die kleine romanische Santiagokirche mit ihrer Gnadenpforte, der Puerta del Perdón. Im Mittelalter erhielten schwer kranke Pilger schon hier den verheißenen Generalablass. Verschiedene Orden führten in Villafranca fünf Pilgerhospize. Bis nach Trabadelo können Pilger ihren Weg wieder wählen: Entweder folgen sie der ansteigenden Asphaltstraße oder sie gehen in Villafranca hinunter in die Altstadt, überqueren auf der alten Brücke den Río Burbia und steigen dann über viele Kilometer äußerst steil auf dem rechten Hang auf, mit weitem Blick über das Tal, und dann über das Bergdorf Pradela wieder steil ab nach Trabadelo. Stetig bergan zieht es sie nun, vorbei an den Dörfern Vega de Valcarce, Ruitelán und Herrerías. Sie wandern sehr steil hinauf nach La Faba und erreichen nach einigen Kilometern endlich die Passhöhe und das galicische Dorf O Cebreiro, 1293 Meter über dem Meer.

Nachdem sie sich dort in der Aura der alten Marienstatue im Innern der vorromanischen Kirche der ehemaligen Abtei San Girardo gesammelt haben, gehen sie durch das keltische Dorf mit seinen runden strohgedeckten Häusern und auf einem Kammweg bis zur Anhöhe San Roque. Weiter führt der Weg durch das Dorf Hospital de Condesa und schließlich steil hinauf zum Pass Alto do Poio, wo sie mit der riesenhaften Pilgerstatue gemeinsam ins grüne Galicien blicken. Sodann steigen sie über viele Kilometer auf Feld- und Hohlwegen steil ab und erreichen am Ende eines Wiesentales das Straßendorf Triacastela mit seiner Santiagokirche. Daraufhin gehen die Pilger entweder auf einsamen Forst- und Feldwegen über San Xil, den Ricabo-Pass und die alte Kirche San Esteban nach Sarria, oder sie überqueren den Río Ouribio und laufen auf Wanderwegen, Dörfer passierend, vorbei am Kloster San Julián in Samos. Alte Steinmauern grenzen grüne Felder voneinander ab, dunstigfeuchte Luft webt eine mystische Atmosphäre.

In Sarria steigen sie steil die Treppen zur Altstadt hoch, gehen vorbei am Magdalenenkloster und wandern nun über viele Kilometer in der eindrucksvollen Landschaft Galiciens. Durch kleine Dörfer, über uralte Wege aus großen Steinen, vorbei an alten Kirchen gelangen sie schließlich nach Portomarín, nachdem sie auf der Brücke den Stausee überquert haben. Die nach außen bedrohlich wirkende romanische Wehrkirche San Nicolás der Johanniter bietet ihnen im Innenraum Schutz für Augenblicke der Ruhe. Weiter wandern die Pilger nach Palas de Rei durch galicische Wälder und Felder, durch alte Dörfer mit den typischen Maisspeichern, Waschhäusern und alten Friedhöfen, begleitet von Ginster, Farnen und Wegkreuzen.

Sie lassen Palas de Rei hinter sich, es zieht sie weiter, immer weiter durch die galicische Landschaft auf einfachen Feldwegen und durch Eukalyptuswälder. Sie passieren die schöne alte Kirche in Leboeiro, gehen über die malerische alte Bogenbrücke nach Furelos und folgen den gelben Pfeilen bis nach Melide, vorbei an der romanischen Dorfkirche Santa María de Melide und über die Steinplattenfurt durch den Bach Barreiro weiter bis zur Klosterkirche La Magdalena in Arzua. Vorwärts, vorwärts. An Santa Irene vorbei. An Labacolla. Plötzlich stehen die Pilger am Monte do Gozo, am Berg der Freude: Von hier sehen sie Santiago de Compostela zum ersten Mal. Sie halten an und inne, sammeln sich. Momente ihres ganz persönlichen Jakobswegs ziehen vor ihrem inneren Auge vorüber, bewegt schauen sie zurück. Sie gehen hinunter in die alte Stadt, bis sie schließlich vor dem Obradoiro, der Barockfassade der Kathedrale von Santiago de Compostela stehen. Wenn die Pilger unter dem Porticó de la Gloria hindurch in das romanische Kathedraleninnere treten, nachdem sie ihre fünf Finger wie Millionen Pilger vor ihnen in die Vertiefungen an der Säule des Baumeisters Matteo gelegt haben, wenn sie die golden glänzende Statue des heiligen Jakobus vor sich sehen und ihnen die Weihrauchreste des Botafumeiro, des übergroßen Weihrauchkessels, in die Nase steigen, dann fühlen und wissen sie, dass sie am Ziel ihres Pilgerweges angekommen sind.

So kalt war es noch nie: Als ich León heute Morgen in der Dunkelheit verließ, waren es sieben, vielleicht acht Grad Celsius. Seit Wochen bin ich nur in kurzen Hosen gelaufen, jetzt muss ich in warmer Kleidung pilgern. Als ich mir bei der ersten Rast in einer Bar in Astorga nach einem Kaffee und einer Tortilla wieder die leichtere »Sonnenkleidung« anziehe, wird mir klar, warum mir so schnell kalt wird: Durch die vielen Kilometer seit Deutschland habe ich extrem abgenommen, kein isolierendes Gramm Fett mehr unter meiner Haut. Blaue Adern überall. Mein Körper hat sich alles geholt, was er verbrennen konnte, übrig geblieben sind nur die langen, dünnen Muskeln des Ausdauerläufers. Deshalb begleitet mich mittlerweile permanent ein Hungergefühl. Ich esse so viel, so oft und so reichhaltig wie möglich, bis zu vier warme Mahlzeiten am Tag. Die spanische Küche unterstützt mich dabei mit Rezepten, an deren Anfang steht: »Füllen Sie in eine Pfanne ungefähr zwei Zentimeter hoch Olivenöl und erhitzen Sie es …«

»Tu as une tête de moine!« – »Du hast den Kopf eines Mönches!« Verwirrt schaue ich in die entrückten Augen einer jungen Französin. Sie und ihr Begleiter hatten mich in der brütenden Hitze kurz vor Hospital de Órbigo eingeholt. Völlig unvermittelt nimmt sie mit einer anmutigen Geste mein Gesicht in ihre Hände und zeichnet mit ihren Fingern meine Gesichtszüge nach. »Klare, weiche und ernste Gesichtszüge zugleich«, sagt sie, und nach einem Blick auf meine Hände, »und die Hände eines Arbeiters: Du bist ein Mönch!« Im meditativen Innenhof des Refugios von Hospital erfahre ich, dass die beiden seit Monaten zwischen den Pyrenäen und Santiago hin- und herpendeln, vom Jakobsweg nicht herunterkommen. Mönch? Ich? Das mit der Armut ginge vielleicht noch, aber schon beim Gehorsam würde es wohl schwierig werden!

Ich verstehe nicht, wieso neben einer asphaltierten Straße, an der ein Feldweg entlangführt, auch noch eine Schotterstraße für Pilger angelegt werden musste. Im Hintergrund die Montes de León, in flirrender Hitze laufe ich stumpfsinnig auf dem meiner Meinung nach völlig überflüssigen, die Hitze von unten reflektierenden künstlichen Pfad auf den Rabanal-Pass zu. Plötzlich muss ich über mich lachen: Warum laufe ich eigentlich auf der »Pilgerautobahn« und nicht auf dem Feldweg?

Ich halte den Stein in der Hand. Halte ihn hoch gegen den stahlblauen Morgenhimmel. Warmgelbe Sonnenstrahlen bringen ihn zum Glühen. Das ist nicht irgendein Stein. Bei meinem Aufbruch nahm ich ihn mit von einem mir wichtigen friedlichen Ort. Ich habe ihn mitgetragen über Hunderte von Kilometern und mit ihm die Last, die mich mit ihm verbindet. Achtsam lege ich ihn zu den anderen unter dem Cruz de Ferro. »Oculi mei«.

Der Jakobsweg wird noch voller, es werden immer noch mehr. Ganze Pilgerherden drängen sich abends in den zahlreichen Unterkünften. Tagsüber überhole ich eine Pilgergruppe nach der anderen. Ich bin froh, wenn ich morgens früh wegkomme: immer noch Flucht vor der mich verfolgenden Menge.

»Luz, Paz y Amor« – »Licht, Frieden und Liebe« stand in gelber Farbe kurz nach Villafranca del Bierzo auf den Fels gemalt. Auf der anderen Seite des Weges warnte eine Aufschrift, dass die Strecke nur für geübte Pilger geeignet sei. Sie hat zu Recht gewarnt. In sengender Mittagshitze zieht der Weg steil bergan, so steil, dass ich nichts anderes mehr wahrnehme als meine schmerzenden Oberschenkel und den Schweiß, der mir in Strömen über das Gesicht läuft. Hans und ich laufen in hohem Tempo, immer bergan, immer bergan, immer bergan. Und dennoch, nur zu zweit auf der Strecke zu sein, ist trotz der Anstrengung eine Wohltat: Ruhe und Einsamkeit der Berglandschaft abseits der überlaufenen Hauptstrecke. Licht und Frieden finden wir hier wahrhaftig. Liebe wäre wohl etwas zu viel verlangt.

Eine Weile benötige ich, um zu realisieren, dass der Jahrmarkt in O Cebreiro kein Jahrmarkt ist, sondern eine offizielle Marienwallfahrt. Der Rummel ist kaum zu ertragen. Meine Vorstellung von Wallfahrt ist auf dem Jakobsweg eine andere geworden. Aus der meditativen Herberge in Ruitelán sind wir heute morgen mit Taschenlampen aufgebrochen. Der Weg zog wieder steil und hart nach oben, an dem Schild, welches die Fußpilger nach links und die Radpilger nach rechts weist, schmunzele ich: Der letzte Pass ist nah. Gelbe ginsterartige Sträucher erstrahlen in der ersten Morgensonne entlang des einsam nach oben führenden Pfades. Ich bin innerlich in Ruhe, bis ich unvermittelt mitten im Jahrmarkt stehe, der keiner ist.

Wirklich bei Nacht und Nebel Aufbruch in Triacastela: Ich sehe doppelt nichts, vor Dunkelheit und vor Nebel. Unsere Taschenlampen greifen mit weißen langen Fingern in das milchige Dunkelgrau vor uns, versuchen, die gelben Pfeilmarkierungen zu erhaschen. Auf dem Weg zum Ricabo leuchtet von Ferne ein Waldbrand verwaschen durch den Nebel. Sonst ist alles still. Die Stimmung ist unheimlich. Galicien, das Land der Hexen, Feen und Gespenster. Als die Sonne aufgeht, zeichnet sie alles durch den nebligen Filter weich: die Landschaft und die Dörfer am Wegesrand, einzelne Kapellen. Irgendwann liegt der Himmel stahlgrau über dem Morgennebel. Mysteriös, mystisch, mythisch.

Die Strahlen der tief stehenden Nachmittagssonne brechen sich rubinrot in meinem Weinglas. In Palas de Rei sitze ich vor einer Bar und esse nach und nach auf Zahnstochern aufgespießte Pulpo-Stücke, die auf einem kleinen Teller vor mir liegen – in Rotwein gekochter Seepolyp mit Paprika, Olivenöl und grobem Meersalz, eine galicische Spezialität. Die beiden vergangenen Tage ziehen vor meinem Auge vorüber. Besonders die Corredoiras, schon zur Römerzeit existierende uralte Straßen aus unregelmäßigen Steinen, hinterließen in mir bleibende Spuren. Mein letztes Stück Pulpo spüle ich mit dem Rest des Rotweins hinunter. Santiago ist nicht mehr weit, nur noch zwei Tagesetappen.

»Oculi mei«. Ich bin in der kleinen Kapelle am Monte do Gozo. Unter mir liegt Santiago, so nahe. Es ist unwirklich, dass der Weg morgen zu Ende sein soll. Ich bin müde. Werde hier im Lager Rast machen, mich auf meine Ankunft morgen innerlich vorbereiten. Gut, dass der Weg zu Ende ist. Furchtbar, dass der Weg zu Ende ist.

Im Dunkel gehen wir gemeinsam hinunter nach Santiago: Christian, Hans und ich. Die Stadt liegt noch im Schlaf, kein Mensch ist unterwegs. Leichter Nebel liegt in den Straßen, die Pflastersteine glänzen im Schein der Laternen. Es dämmert gerade, als vor der Kathedrale unsere letzten Schritte verhallen. In ihr sind wir noch fast alleine. Die Stille des großen Raumes macht uns schweigen. Ich setze mich auf eine Kirchenbank und fühle in mich hinein. Freude? Erleichterung? Ich weiß nicht … Noch habe ich nicht das Gefühl, angekommen zu sein. Bin wie betäubt.

Nach nur einer Stunde geht es los. Plötzlich strömen die Touristen unaufhaltsam in die Kathedrale, die reisebusgeschwängerte Atmosphäre ist nicht auszuhalten. Vor der Kathedrale werden an Souvenirständen Plastikfiguren des heiligen Jakobus und weitere zweifelhafte Devotionalien unter die Leute gebracht. Nach 81 Tagen in der Natur, in der Einsamkeit, wirkt das alles auf mich befremdlich, völlig fehl am Platz. »Ist das der wahre Jakob?«

Und es ergreift mich doch: In der Pilgermesse saust der schwere Weihrauchkessel, der Botafumeiro, mit enormer Geschwindigkeit im Abstand von zwei Metern an meinem Kopf vorbei, Weihrauchschwaden hinter sich herziehend. Plötzlich löst sich die ganze Anspannung. Tränen laufen mir übers Gesicht. Ich bin wirklich in Santiago angekommen, ich bin wirklich in Santiago angekommen, ich bin wirklich in Santiago angekommen.

Ich habe mir ein einfaches Zimmer in der Altstadt genommen. Bleibe ein paar Tage, streife unruhig durch die von Touristen besetzte Stadt, gehe häufig in die Kathedrale. Nach und nach treffen immer mehr Pilger, die ich auf dem Weg kennengelernt habe, vor dem Obradoiro ein. Wir essen gemeinsam, tauschen uns aus, feiern unsere Ankunft. Aber dennoch: Was will ich hier? Ist das das Ende meines Jakobswegs?

End-Punkt

Von Santiago nach Finisterre

»Wenn du die Grenzen der Seele suchst, du wirst
sie niemals finden, auch wenn du jeden Weg
zu Ende gehst, so tiefen Wesensgrund hat sie.«

Heraklit

End-Punkt: Ein Endpunkt, der kein wirklicher ist. Das Ziel einer Pilgerfahrt ist nur eine Durchgangsstation. Denn der Pilgerweg ist nur ein Teil des Lebenswegs. Eine Etappe. Vielleicht sogar eine der wichtigsten im Leben, und doch nur eine Etappe. Der Endpunkt ist zugleich Umkehrpunkt zurück in das Alltagsleben, aus dem die Pilger aufgebrochen sind. Sie kehren als Gewandelte zurück, die sich in ihrem neuen So-Sein unter den seelisch günstigen Bedingungen des Weges schon gefestigt haben. Nun werden sie vor der Aufgabe stehen, auch in der schnellen Welt der modernen Gesellschaft ihren neuen Weg zu verwirklichen.

Jedoch: Die Erfahrung der Pilgerschaft verändert Pilger für immer. Ihre Not-Wendigkeit hat sie auf den Weg gerufen, auf dem sie für ihr weiteres Leben Orientierung gefunden haben. Sie haben am eigenen Leib erfahren, warum in allen Religionen der Weg als Bild für das menschliche Leben gilt. Sie wissen als Sinnsuchende und Gewandelte nun intuitiv, warum Sinn und Fahrt sowie Wandern und Wandeln in ihren Wortwurzeln zusammenhängen: Die Entwicklung, die Pilger erfahren, wäre in ihrem ehemaligen Alltag nicht möglich. Sie mussten gehen, um zu sich zu finden. Davon spricht Goethe, wenn er in Wilhelm Meisters Wanderjahre über die Pilger schreibt: »Sie ziehen zu ganzen Scharen nach geweihter, wundertätiger Stelle, dort zu suchen und zu empfangen, was ihrem Inneren zu Hause nicht verliehen ward.«

Am Endpunkt geht der Weg für Pilger demnach nicht weiter wie bisher. Sie finden zwar die sichere Ruhe des inneren und äußeren Abschlusses ihrer Pilgerreise in spirituellen und weltlichen Ankunftsritualen am Zielort. Sie werden jedoch als Verwandelte, als Neue umkehren müssen: In die Unsicherheit eines neuen Alltags, der außerhalb der Pilgerschaft liegt. Ein neuer Weg beginnt. Oder wie Pater Anselm Grün schreibt: »Wir brauchen die Erfahrung des Ankommens und des Angekommenseins, um uns immer wieder neu auf den Weg zu machen.«

Der Weg von Santiago de Compostela westwärts bis zum Kap Finisterre steht im Zeichen dieses Endpunktes einer Pilgerfahrt. Bereits im Mittelalter zog es viele Pilger weiter zum »Ende der Welt«, dem westlichsten Punkt Europas. Sie folgten dem uralten Initiationsweg bis zum Äußersten. Bis zum Moment, in dem die Sonne im Meer stirbt und mit ihr ihre alte Persönlichkeit. Sie kehrten als Neugeborene zurück. Nach den vielen Kilometern der inneren und äußeren Wandlung bis nach Santiago de Compostela und dem touristischen Gedränge um das Grab des heiligen Apostels erinnert der Weg nach Finisterre wieder an die Anfänge der

Pilgerreise: Kaum Pilger, einfache schmale Wege, wenig Übernachtungsmöglichkeiten. Die wiedergewonnene Einsamkeit und Einfachheit unterstützen die Jakobuspilger, ihren langen Pilgerweg meditativ zu beschließen. Am Kap Finisterre endet der Jakobsweg am Rand der alten Welt. Wenn Pilger nach archaischem Ritual ihre Kleider verbrennen, weht der Wind die Asche ihrer alten Identität über das Meer, der untergehenden Sonne entgegen.

Weg hier, nur raus hier! Wieder ein früher Morgen, vielleicht sechs Uhr. Die Straßenlaternen von Santiago werfen ihre Heiligenscheine in den galicischen Nebel. Kein Mensch ist unterwegs, der Platz vor dem Obradoiro atmet leer gefegt den Frieden der Nacht, bevor ihn in einigen Stunden wieder Souvenirhändler, Pilger und Touristen überfluten. Auch heute werden Reisebusse wieder unermüdlich Menschenmassen in die Stadt speien. Stählernes Graublau auf der Barockfassade der Kathedrale, die Morgenluft strömt kühl und feucht in meine Lungen. Die letzten 90 Kilometer warten auf mich. Das Ziel ist dort, am Ende der Welt.

Kaum habe ich Santiago verlassen, fühle ich mich wieder als Pilger. Nicht wie ein moderner Jakobuspilger auf dem Camino zwischen Roncesvalles und Santiago, sondern wie vorher: kleine, schmale Wege mit beinahe schon privater Atmosphäre.

Überall Nebel, fast ein wenig unheimlich. Irgendein europäisches Projekt hat es sich auch hier zur Aufgabe gemacht, den Weg mit richtungsweisenden Keramikmuscheln zu markieren, welche die verbleibenden Kilometer abwärts zählen. Wie wenige Pilger diesen Weg gehen, sieht man daran, dass die Keramikmuscheln noch an ihrem Platz hängen.

Ich bin wieder allein unterwegs. Nur das Zwitschern der Vögel und der Wind, der durch die Bäume streicht, begleiten mich. Der Klang meiner Schritte auf dem Waldboden. Eukalyptus in der Nase. Es schließt sich der Kreis zum Anfang meines Weges: Einsamkeit, Ruhe, Natur, schmale Wege, uralte Wegkreuze. Ja, jetzt gehe ich auf das Ziel zu.

Nach ungefähr acht Kilometern hole ich einen Mann ein, der vor mir läuft. Er soll der Einzige bleiben bis Finisterre. Schnell wird klar, dass wir beide aus Süddeutschland stammen. »Und«, fragt mich mein Gefährte, »wo bist du losgelaufen?« »In Ostfildern bei Stuttgart.« Er fragt interessiert weiter: »Welchen Weg hast du von dort genommen?« »Das Neckartal aufwärts, dann nach Waldshut. Ich bin der Route aus einem Pilgerführer über Jakobswege in Süddeutschland gefolgt, der gerade erst veröffentlicht worden ist. Schöne Streckenführung, sehr gut recherchiert. Da hat sich jemand wirklich Mühe gemacht. Nur an einer einzigen Stelle nicht: bei der Bestimmung einer Kilometerangabe ganz am Anfang. 50 Kilometer statt 25! Meine Füße: ein Schlachtfeld! Der Autor hätte mal meine Blasen haben sollen!« »Nun«, sagt er, »dann werde ich das wohl noch korrigieren müssen!« – Ich laufe an der Seite des Buchautors! Der Kreis schließt sich tatsächlich …

Der letzte Abend auf dem Weg: Die Stimmung ist ruhig und meditativ. Wie schon so oft genieße ich es, alleine in den

Abend zu laufen. Die goldene Sonne im Gesicht und den kühlen Wind, den die Nacht als Vorboten vorausschickt, auf den Unterarmen. »Man sieht den Wegen im Abendlicht an«, hat Robert Walser geschrieben, »dass sie Heimwege sind.«

Als ich in Maroñas eintreffe, ist es bereits dunkel. Gespenstisch ziehen im fahlen Licht vereinzelter Straßenlaternen Nebelschwaden durch das Dorf. Keine Ahnung, wo sich die alte Dorfschule befindet, in der ich laut Pilgerführer schlafen kann. Eine Bar. Im schummrigen Innern sitzen Bauern am Stammtisch mit finsteren, ausdruckslosen Gesichtern. Sie sehen aus, als würden sie demnächst eine weitere Kerbe mit einem großen Messer in den Holztisch vor ihnen machen – nachdem sie einen harmlosen Pilger ausgeraubt, ermordet und verscharrt haben. Mich fröstelt. Als ich sie nach der Schule frage, deuten sie zum Ende des Dorfes: Sie läge knapp außerhalb. In absoluter Dunkelheit erreiche ich das Gebäude. Zu meiner Überraschung ist die alte Schule wirklich alt. Das halbe Dach fehlt, ebenso einige Fenster. Auf dem Boden liegen alte Hefte, vielleicht aus den Fünfzigerjahren. Verwaiste Schultische, ein paar einsame Stühle, als ich durch die Tür eintrete. Es fängt an zu regnen. Wohin bin ich geraten?

Schon von Weitem sehe ich den Traktor, der mir in gemächlichem Tempo entgegenkommt, als ich mittags ein Stück Landstraße queren muss. »¡Hola!«, grüßt mich freundlich der Bauer, der Rest ist unverständliches Gallego. Er bedeutet mir mit einer Geste, stehen zu bleiben. Seine Augen strahlen vor Freundlichkeit, als er einen großen Kasten öffnet, der hinter ihm auf der Ladefläche eines kleinen Anhängers festgezurrt ist: frische Bienenwaben. Drei, vier große Stücke bricht der Bauer heraus und freut sich königlich, als er sie in meine geöffneten Hände legt. Die Sonne scheint und mir rinnt der süße Honig durch die Finger in den Mund und über mein Kinn. Wohin bin ich geraten?

Meer! Endlich Meer! Nach 2600 Kilometern endlich Meer! In die Bucht hinunter, die Kleider vom Leib, Kälte, Wasser, überall. Welche Erlösung, welche Taufe! Staub und Schweiß von Millionen Schritten verschmelzen mit den Weiten des Atlantischen Ozeans. Meer! Mehr! Meer!

Die Sonne steht schon tief, als ich zum Kap Finisterre hinaufgehe. Neben dem Leuchtturm steht der letzte Wegweiser: »0,000 km« Endpunkt. Hier geht es wirklich nicht mehr weiter. Die Keramikmuschel steht auf dem Kopf, sie weist den Weg zurück. Ruhe und Frieden. Nur wenige Menschen. Mit meinen Kleidern verbrennt ein Stück Vergangenheit. Ich werde neu beginnen müssen. Wehmütig sehe ich der Sonne zu, wie sie im Westen im Meer versinkt. »Oculi mei semper ad Dominum …« Für einen Moment halten sich noch ein paar Sonnenstrahlen am Horizont fest. Dann bricht die Nacht herein. Mein Jakobsweg ist zu Ende.

Santiago ist der Anfang des Jakobsweges

Nachwegs

»Santiago ist nicht das Ziel des Jakobswegs,
es ist der Anfang.«
Pilgersprichwort

Die vielleicht schwerste Etappe des Jakobswegs liegt für moderne Pilger oftmals erst nach Santiago. Es ist eine Etappe ohne zählbare Kilometer, ohne mittelalterliche Sehenswürdigkeiten, ohne die Gemeinschaft anderer Pilger: In Santiago beginnt derjenige Jakobsweg, der zum Ziel hat, den vollzogenen Seelenwandel in die moderne Alltagswelt zu integrieren.

Das Rad seelischer Entwicklung dreht sich erneut im immer gleichen Zyklus: Aufbruch, Wandlung, Stabilisierung. Diesmal ist es der Pilgeralltag, welcher abrupt aufgebrochen wird. Die schnelle moderne Welt steht in schroffem Gegensatz zu Ruhe, Einsamkeit, respektvollem Miteinander. Nach Wochen in der Gegenwelt der Pilgerschaft scheinen Hektik, Betriebsamkeit und menschliche Gleichgültigkeit unwirklich. Vielen Pilgern fällt es zunächst schwer, sich wieder in der »normalen Welt« zurechtzufinden. Die Erfordernisse des Überlebens in der modernen Gesellschaft sorgen jedoch schnell für einen zeitgenössischen Tagesablauf: Die Pilger wechseln aus ihrem Pilgeralltag in den der modernen Welt. Von hier ab beginnt erneut ein langer innerer Weg der Wandlung. Die in der Pilgerschaft noch lebbaren Antworten auf den Ruf, der die Pilger auf den Jakobsweg geführt hat, lassen sich häufig nicht einfach in den heutigen Alltag übertragen. Im Gegenteil: Nun scheinen sie aufgesetzt, nicht angemessen, nicht zu verwirklichen. Das Umfeld der zurückgekehrten Pilger spielt das neue, das »bessere« Spiel nicht mit. Enttäuschung. Rückschritt. Alte Strukturen. In der Tiefe der Seele jedoch wirkt die seelische Wandlung der Pilgerschaft als reales Bild beständig weiter. Fast unmerklich drängt in einem langen und langsamen Verinnerlichungsprozess Schritt für Schritt gewandelte Weltsicht in das tägliche Tun und wird Wirklichkeit, weil sie wirkt. Angemessen. Nicht plakativ-euphorisch aus der »heilen Welt« der Pilgerschaft, sondern im Einklang mit den je eigenen Lebensumständen. Und auch diese neue Wirklichkeit, diese Seelenwandlung benötigt die Phase der Stabilisierung.

Durch den langsamen Integrationsprozess verbindet sich der moderne Alltag immer mehr mit der Erfahrung der Pilgerschaft, der Urerfahrung des »Auf-dem-Weg-Seins«: das Bewusstsein, dass der Mensch nirgends ein Zuhause hat, außer in sich selbst. Dass jeder alleine seinen eigenen Weg geht. Dass jeder seinen eigenen Rhythmus und sein eigenes Tempo hat. Dass jeder anderen begegnet, mit ihnen ein Stück Weg teilt, dass gemeinsame Wege sich trennen und manchmal auch wieder zusammenführen. Dass einem das Leben das gibt, was man braucht, aber auch nicht mehr. Dass Zufriedenheit nicht in materiellen Dingen zu finden ist.

Dass Mitmenschlichkeit keine Wahl, sondern eine Grundgegebenheit des Menschseins ist. Dass alle Menschen vor dem Göttlichen und der Natur gleich sind.

So lädt die Jakobuspilgerschaft eben nicht dazu ein, »Dauerpilger« zu werden. Sie lädt dazu ein, die Erfahrungen der Pilgerschaft im Alltäglichen zu verwirklichen. Der abgeschlossene Raum der Pilgerschaft ohne äußere Verpflichtung ist notwendig, um in sich schauen und sich wandeln zu können. Die Veränderungen und die meditative Haltung der Pilgerschaft sollen jedoch im Alltagsleben verankert werden, um in der Welt wirken zu können. Der mittelalterliche Mystiker Meister Eckhart schreibt: »Und darum sind alle die, die sich dem beschaulichen Leben hingeben und nicht äußeren Werken und sich ganz und gar von äußerem Werk abschließen, im Irrtum und nicht auf dem rechten Weg. Da sage ich, der Mensch, der im beschaulichen Leben ist, kann wohl und soll sich von allen äußeren Werken freimachen, solange er im Schauen ist; aber hernach soll er sich äußeren Werken widmen, denn niemand kann sich allezeit und fortwährend dem beschaulichen Leben hingeben, und das wirkende Leben wird ein Aufenthalt schauenden Lebens.«

Das ist das Wesentliche einer Pilgerfahrt: ein aus seelischer Not geborener innerer Wandlungsprozess, der sich auf Dauer im täglichen Leben verwirklicht. Der Jakobsweg ist freilich nur einer unter vielen möglichen Auslösern für einen derartigen seelischen Prozess. Dieser stellt eine Form der »Selbst-Beratung« in zweifacher Hinsicht dar: Wenn Pilger aus ihrer Krise selbst keinen Ausweg mehr sehen und wenn kein Rat von außen mehr neue hilfreiche Gesichtspunkte eröffnet, dann kann nur ein neuer eigener Blickwinkel weiterhelfen. In der Abgeschiedenheit und Einsamkeit suchen Pilger Rat bei sich selbst, bei ihrem Selbst – das, was als göttliche Kraft in ihnen wirkt. Sie verlassen die hellen, sauber angelegten, asphaltierten Waldwege durch das Dickicht der modernen Welt und wählen den »dunklen Holzweg«, der sie zu spirituellen Quellen führt.

Eines bleibt: Santiago de Compostela ist ein Wendepunkt, ein Neuanfang. Wer auf dem Jakobsweg gepilgert ist und tiefe Stimmigkeit mit sich selbst über viele Kilometer erfahren hat, wird auf Dauer auch in der Welt außerhalb des Pilgerweges schwerlich an diesem in der Seele wirkenden Bild vorbeileben können. Der Jakobsweg hinterlässt Spuren. Nicht Santiago ist das Ziel des Jakobswegs, sondern das Selbst. Das Spüren eines im Einklang mit dem Göttlichen verlaufenden ureigenen Weges. Das Ziel ist der Weg.

»Die Seele bleibt zurück«, sagen die Spanier, wenn Jakobuspilger zur Heimkehr ins Flugzeug steigen. Sie haben recht. Ich hätte den Zug nehmen sollen, an Orten aussteigen, die mich berührt haben, vielleicht sogar den Weg ein wenig rückwärtsgehen. Die Rückkehr ging viel zu schnell.

Es wird lange dauern, bis ich das, was mich bewegt hat, verarbeitet habe. Es wird lange dauern, bis ich wieder vollständig hier bin, sehr lange.

Ich bin durch den Jakobsweg kein »besserer Mensch« geworden, bin mir allenfalls ein Stück nähergekommen. Das ist alles, und dennoch viel.

Manchmal begegne ich unterwegs in Ostfildern einem älteren Jakobusbruder. In den Augen des anderen spiegeln sich das gleißende Mittagslicht der Meseta und die Dunkelheit eines Kapelleninnenraums am Wegesrand. Schweigend nicken wir uns zu, das Gefühl des Windes am Rabanal-Pass auf der Haut, den Weihrauchgeruch des Botafumeiro in der Nase, den Salzgeschmack langer Wanderschaft auf den Lippen. Dann gehen wir weiter, jeder seines Wegs, und der Rhythmus unserer Schritte ist geprägt vom endlosen Pilgerzug nach Santiago und vom unausgesprochenen Pilgergruß: »Ultreïa!«